Anonymus

Kurze Geschichte des Klosters Maria-Altomünster

Von seinem Ursprunge bis auf die Gegenwart

Anonymus

Kurze Geschichte des Klosters Maria-Altomünster
Von seinem Ursprunge bis auf die Gegenwart

ISBN/EAN: 9783743396951

Hergestellt in Europa, USA, Kanada, Australien, Japan

Cover: Foto ©ninafisch / pixelio.de

Manufactured and distributed by brebook publishing software (www.brebook.com)

Anonymus

Kurze Geschichte des Klosters Maria-Altomünster

Vorrede.

Vorliegende „kurze Geschichte des Klosters Maria=Altomünster von seinem Ursprunge bis auf die Gegenwart" verdankt ihr Entstehen einem längst gehegten Wunsche nach dem Besitze einer solchen, die ganze Zeit von der Gründung des Klosters bis zur Wiedererrichtung desselben gegen die Mitte dieses Jahrhunderts umfassenden Geschichte. Dazu haben wir noch Einiges von den späteren Jahren bis auf die Gegenwart bei=gefügt. In einem Anhange finden sich ferner kurze Notizen über den Birgitten=Orden über=haupt, dem dieses Kloster nun seit fast 400 Jahren angehört.

Die Materialien hiezu wurden schon seit längerer Zeit aus den wenigen zu Gebote stehen=den Hilfsmitteln gesammelt. Für den Zeitraum von der Einführung des Birgittinen-Ordens bis zur Säkularisation wurde hauptsächlich die Geschichte des Birgittinen-Klosters Altomünster von P. Maurus Gandershofer (München 1830) benützt. Für die Zeit nach der Säkularisation dienten die im Kloster selbst vorhandenen Aufschreibungen und Ueberlieferungen. Aus der ältesten Zeit, der Zeit der Mönche und Nonnen vom hl. Benedikt dahier, sind nur wenige Nachrichten auf uns gekommen.

Mögen die geneigten Leser unsern schwachen Kräften in Ausführung des vorgenommenen Werkes gütige Nachsicht schenken!

Maria-Altomünster am 8. Oktober, als am Feste der hl. Birgitta 1868.

Einleitung.

Ferne von dem bewegten Verkehre und den Straßen der großen Welt, zwischen den Thälern der Paar und Glon, nahe an den Quellen der Ilm, in einer fruchtbaren, von zahlreichen kleinen Hügeln durchschnittenen Gegend liegt das Kloster und der Marktflecken Altomünster.

Dieser Ort, 1555' über dem Meere und unter 48° 23' der Breite und 28° 55' der Länge gelegen, bildet ungefähr die Mitte zwischen den Städten München und Augsburg, und ist dem Erzbisthume München-Freising und dem kgl. Bezirksamte Aichach zugetheilt. Die Zahl der Einwohner des Marktes beläuft sich auf 1000 Seelen.

Der Ursprung des Klosters geht zurück bis in das achte Jahrhundert. Dasselbe zählt demnach zu den ältesten Pflanzstätten christlicher Kultur in unserem Vaterlande Bayern überhaupt, und urkundlich nachweisbar ist es die älteste Stätte des Christenthumes im Glongebiete.

Damals, als der Stifter des Klosters, der heil. Alto, in den bayerischen Gauen erschien, war die

Gegend von Altomünster noch ganz mit dichten, zusammenhängenden Wäldern bedeckt. Die Umwohner wußten noch wenig vom Christenthume. Die Länder zwischen der Donau und den Alpen hatten zwar schon in den ersten Jahrhunderten unserer Zeitrechnung, unter der Herrschaft der Römer, vielfach den Segen des Christenthumes empfangen, und das Blut zahlreicher Martyrer war da geflossen. Allein der Sturm der Völkerwanderung, insbesondere der Alles vernichtende Zug des Hunnenkönigs Attila, hatte die zarte Himmelspflanze zertreten, und Jammer und Elend unter der Bevölkerung, die dem Schwerte und der Gefangenschaft entronnen war, zurückgelassen. Zitternd hinter den Mauern einiger weniger fester Städte, oder verborgen in den Wäldern fristeten sie ein kummervolles Dasein, und Viele sanken wiederum zurück in die Nacht des Heidenthums. Auf diese Weise währte es lange Zeit, bis der Götzendienst von der reinen und heiligen Lehre des Christenthums gänzlich überwunden ward. Auch in dem Walde, wo Alto seine erste Zelle gebaut, befand sich eine heidnische Kultusstätte, ein Tempel, in welchem den Götzen geopfert und namentlich der Göttin Diana jährlich eine Jungfrau dargebracht wurde.*)

Auf die vielen und harten Stürme kehrten wieder bessere Zeiten. In den Gauen zwischen der Donau

---

*) So berichtet Ertl in seinem churbayerischen Atlas und mit ihm noch andere bayerische Historiker. P. Scheck, Prior von 1724—1735, bemerkt in seiner Synopsis, daß man noch zu seiner Zeit Spuren dieses Heidentempels gesehen habe.

und den Alpen vom Lech abwärts, wo bisher Celten gewohnt hatten, ließen sich jetzt um das fünfte Jahrhundert die Bajuarier (Bayern) nieder und lebten in geordneten Zuständen. Sie zeigten viele Empfänglichkeit für das Christenthum und schon frühe erschlossen sich ihre Herzoge dem Lichte der Wahrheit. — Heilige Männer, wie Emmeram, Rupert, Korbinian und Bonifazius streuten den Samen der himmlischen Lehre aus; und bald schwand der Götzendienst aus dem Lande der Bayern und das Christenthum begann in der schönsten Blüthe sich zu entfalten.

Die Gegend von Altomünster hat in dem heiligen Alto einen eigenen Glaubensboten erhalten, welcher den Umwohnern das Licht der Wahrheit brachte, das Dickicht des Waldes lichtete und den Boden urbar machte, und da eine Pflanzung anlegte, welche, wenn auch öfter vom Sturme geknickt, noch heute in herrlicher Blüthe dasteht und, wie wir hoffen, unter dem Segen Gottes und dem Schutze Mariens noch lange gedeihen und reiche Früchte für den Himmel bringen wird.

I. Zeitraum.

Altomünster ein Benediktiner-Kloster.
(754—1497).

1. Kapitel.
Der hl. Alto. Gründung des Klosters.

Das Kloster, sowie auch der Markt Altomünster verdankt Namen und Entstehung dem hl. Alto. — Als in Bayern noch die Agilolfinger herrschten, und bald nachdem der hl. Korbinian († 730) den christlichen Kampfplatz verlassen hatte, erschien der hl. Alto in Bayern.*) Er war aus fürstlichem Geschlechte, Sohn des Königs Wilhelm von Schottland, und gegen Ende des siebenten Jahrhunderts geboren. Schon in seiner frühesten Jugend legte er den Grund zu seiner künftigen Heiligkeit, indem er die irdischen Güter und die Reize des Hoflebens für Nichts achtete, mit aller Inbrunst seines Herzens dem Gebete oblag

---

*) Der gelehrte Mabillon gibt in seinen Benediktiner-Annalen Tom. II. Pag. 122 das Jahr 743 als die Zeit der Ankunft des hl. Alto in Bayern an.

und unabläßig darauf bedacht war, Gott allein zu gefallen und Ihm allein zu dienen. Als er zum Manne gereift war, wurde seine Sehnsucht nach christlicher Vollkommenheit immer größer; er nahm deßhalb seine Zuflucht um so eifriger zum Gebete, um durch göttliche Erleuchtung zu erkennen, welchen Stand und welche Lebensweise er wählen sollte. Sein Gebet wurde erhört; ein himmlisches Gesicht ermahnte ihn, nach Abrahams Beispiel sein Vaterland und seine Verwandten zu verlassen, und fern von den Seinigen in seinem Streben nach Vollkommenheit fortzufahren. Freudig gehorchte er der göttlichen Mahnung und verließ seine zeitliche Heimath, in der frohen Hoffnung, dafür eine jener himmlischen Wohnungen zu erlangen, die der Heiland seinen treuen Nachfolgern bereitet im Reiche seines himmlischen Vaters. Ihm waren bereits viele seiner Landsleute aus den brittischen Inseln nach Deutschland vorangegangen, oder folgten in Kurzem nach, um unter die Stämme der Germanen Wahrheit und Gnade, Licht und Leben zu verpflanzen. Verzichtend auf das väterliche Erbe, entsagte Alto auch der bischöflichen Würde, wozu er ausersehen war. Die dankbare Nachwelt bildet ihn darum stets mit den bischöflichen Insignien ab.

Auf seiner Wanderung kam der hl. Alto in das Land der Bajuarier. Daselbst ließ er sich in einem dichten Walde nieder und lebte nach Art der alten Einsiedler in der Wüste. Seinen Lebensunterhalt verschaffte er sich, indem er mit eigenen Händen den Wald lichtete und durch Anbau des Bodens mühselig ben täglichen Bedarf erwarb. Der großen Welt zwar war Alto in dieser seiner Einsiedelei verborgen, nicht aber den Wald- und Thalbewohnern der Umgegend, da er ihnen eifrig das Evangelium predigte und sie durch Lehre und Beispiel erleuchtete und zum Guten antrieb. In solchem Zustande finden wir ihn noch zu der Zeit, als der neue Frankenkönig Pipin der Kleine, als Vormund des jungen Herzogs Tassilo II (748—788) über Bayern seine Herrschaft ausübte. Bei Meichelbeck nämlich*) erscheint er in einem Schankungsbriefe des David von Mammendorf, der unter König Pipin und Herzog Tassilo ausgestellt worden, unter der Benennung „Alto reclusus" in der Zeugenschaar. Da Pipin in dieser Urkunde bereits als König auftritt, wozu ihn die Franken erst im Jahre 752 an des schwachen Childerich III. Stelle erhoben, so läßt sich in Verbindung mit den nächstfolgenden Ereignissen die Zeit der Gründung des nach Alto benannten Klosters so ziemlich genau bestimmen.

Während seines Aufenthaltes in Bayern bewohnte König Pipin, außer der bei Freising auf einem hohen Hügel gelegenen Burg, auch öfters die unfern von Alto's einsamer Zelle gelegene Burg, nach ihm Pipinsried genannt.**)

---

*) hist. Frising. I. 60.
**) Nach Ueberlieferung entdeckte man um das Jahr 1665 hier noch unterirdische, weit verzweigte Gänge von dieser Burg. Das Schloß selbst wurde in eine Kirche umgewandelt.

Da nun dieser Fürst während seiner Jagdbelustigungen öfters mit dem frommen und gebildeten Einsiedler zusammentraf, lernte er dessen vortreffliche Eigenschaften kennen, und schenkte ihm als Zeichen seiner Huld einen bedeutenden Theil des umliegenden Waldes.

Als die Kunde von dieser Auszeichnung des Einsiedlers durch den großen König sich weiter verbreitete, kamen von nahe und ferne aus Schwaben und Bayern vermögliche Leute, die den frommen Einsiedler mit Geld und Gut beschenkten. Dadurch sah sich Alto in Kurzem in den Stand gesetzt, seinen längst gehegten Wunsch, ein Kloster nebst Kirche zu bauen, auszuführen. Er fing nun an, sagt die Legende, einen Kreis zu ziehen und mit einem Messer die Bäume zu bezeichnen, welche zum Behufe des Baues gefällt werden sollten. Wunderbarer Weise stürzten alle bezeichneten Bäume sofort von selbst nieder und die Vögel des Waldes flogen herbei und trugen mit ihren Schnäbeln Aeste und Zweige fort. Durch dieses Wunder ermuthigt, schritt Alto um so eifriger an den Bau der Kirche und des Klosters, und vollendete beides mit Genehmigung des Herzogs und mit Beihilfe der Gläubigen, welche der Ruf seiner Tugenden immer mehr anzog.

Als nun Kloster und Kirche fertig da standen, sandte Graf Heinrich, aus dem edlen und mächtigen Geschlechte der Welfen, dessen Vater Etich o kurz vorher in Ammergau ein Benediktiner-Kloster gestiftet hatte, dem hl. Alto aus diesem Kloster einige eifrige Religiosen, welche ihm zur Einführung des Lobes Gottes und der klösterlichen Disciplin unter der Regel des hl. Benediktus Beihilfe leisten sollten. Um nun diese neu gegründete Stätte des Heiles für den Dienst Gottes einzuweihen, wurde der hl. Bonifacius von Gott selbst durch ein Gesicht ermahnt. — Dieser, der mit so segensreichem Erfolge in ganz Deutschland und besonders auch in Bayern für die Kirche Gottes gewirkt, folgte sogleich der himmlischen Mahnung. Er kam zu dem frommen Einsiedler und wollte die Kirche zu einer Klosterkirche bestimmen, in die dem weiblichen Geschlechte der Zugang verboten wäre. Alto aber erklärte sich dagegen, indem er vorstellte, daß die Männer den ganzen Tag auf den Feldern und in den Wäldern beschäftigt wären; die Frauen dagegen ungestört Zeit und Gelegenheit hätten, in der Kirche der Andacht zu obliegen und für die Männer zu beten. Bonifacius willigte in das Verlangen ein und weihte die Kirche zu einem Bethause für Männer und Frauen. Ueber das Kloster setzte er den hl. Alto als ersten Abt. Die Einweihung der Kirche und des Klosters fällt demnach nach obigen Angaben und der Thatsache, daß der hl. Bonifacius im Jahre 755 den Martyrtod erlitt, in die Zeit von 752—755.

Von jetzt an blieb der hl. Alto in dieser heiligen Stätte und führte da ein gottseliges Leben. Seine Heiligkeit wurde von Gott durch viele Wunder bezeugt. Als er bei seiner Ansiedelung in dieser Wildniß Mangel an Wasser litt, steckte er seinen Stab in die Erde, und alsbald sprudelte das hellste Wasser daraus hervor.*) Dies ist der Ursprung des Alto-brunnens, der noch jetzt Kloster und Markt reichlich mit Wasser versieht. Die wunderbare Quelle des hl. Alto ist nach mehr als tausend Jahren noch ein Segen für die Ortschaft. Die Bewohner sind dafür auch erkenntlich und bringen dem Heiligen alljährlich in einem feierlichen Amte den schuldigen Tribut ihrer Dankbarkeit dar.

Mit diesem Altobrunnen ist nicht zu verwechseln, das sogenannte „Altobrünnl", etwa eine halbe Stunde nordwestlich von Altomünster in einer tiefen, schauerlichen Waldesschlucht. Daselbst soll der hl. Alto vor Erbauung des Klosters seine Einsiedelei gehabt haben. Das Plätzchen ist auch zum Einsiedlerleben sehr einladend.**)

Ein anderes, sehr liebliches Wunder wird uns aus dem Leben des Heiligen berichtet. Als derselbe einst das hl. Meßopfer feierte und bei der Wandlung den Kelch mit dem hl. Blute zur Anbetung den Gläubigen zeigte, da erschien darüber allen Anwesenden

---

*) Der hl. Bonifacius segnete diese Quelle und verbot dem weiblichen Geschlechte den Zutritt zu derselben, d. h. er zog sie in den Bereich der Clausur des Klosters.

**) Im Jahre 1840 wollten die Mitglieder der St. Alto-Bruderschaft an dieser ehrwürdigen Stätte eine Kapelle erbauen. Schon war alles Baumaterial beisammen und auch der Bau begonnen. Allein eine boshafte Hand zerstörte jede Nacht die bei Tag ausgeführte Arbeit, so daß man das löbliche Werk wieder aufgeben mußte.

sichtbar das Jesus-Kind, welches dem Volke den Segen gab und dann wieder verschwand.*)

Der Ruf von den Wundern, welche Gott durch seinen Diener wirkte, verbreitete sich weithin und von allen Gegenden kamen Kranke und Leidende aller Art herbei, um durch sein Gebet von ihren Beschwerden befreit zu werden; und wer demüthig und vertrauensvoll des Heiligen Fürbitte anflehte, dem ward Hilfe zu Theil.

So lebte und wirkte der hl. Alto segensreich und wunderbar bis zum Jahre 770; da ging sein Lebenslauf zu Ende; er wurde abberufen vom Schauplatze seiner irdischen Thätigkeit, um den Lohn für seine Tugenden im Himmel zu empfangen. Auch nach seinem Tode geschahen auf seine Fürbitte noch viele Wunder. Wir wissen jedoch darüber nichts Näheres mehr, indem das Werk, in welchem ein Jünger des Heiligen dessen Leben und Wunder beschrieben, leider verloren gegangen ist.

Die heiligen Reliquien wurden später, am 11. Oktober 1486, mit Erlaubniß des Papstes Innocenz VIII. erhoben und zur öffentlichen Verehrung ausgesetzt. Jetzt besitzt die Pfarrkirche davon nur mehr die Hirnschale des Heiligen. Selbst den Ort, an dem der hl. Alto seine Ruhestätte gefunden, kennt

---

*) Darum wird der hl. Alto stets abgebildet in der rechten Hand den Kelch haltend, ober dessen Mündung das Jesuskind steht, die Rechte zum Segen erhoben. Auch das Pfarrsiegel und das uralte Marktsiegel von Altomünster haben diese Abbildung.

man jetzt nicht mehr mit Sicherheit. Wahrscheinlich aber befindet sich das Grab des Heiligen unter dem St. Alto-Altare (jetzt wegen des darauf befindlichen Bildnisses gewöhnlich „Herz Mariä Altar" genannt). Aeltere Anzeichen deuten darauf hin, daß in dem früheren Kirchenbaue zwischen Kanzel und Seiten-Mauer das St. Alto-Grab sich befand. Am nämlichen Platze steht auch der jetzige St. Alto-Altar, nach dem alten Brauche der Kirche, über den Gräbern der Heiligen Altäre zu errichten.

Das Officium vom hl. Alto, welches in dem Breviere des Bisthums Freising von den Jahren 1482, 1491, 1516 und 1520 de simplici auf den Todestag des Heiligen, den 9. Februar, trifft, hat Se. Heiligkeit Papst Clemens XII. unterm 28. Juni 1735 mit besonderen Lektionen sub ritu duplici zu halten befohlen.

2. Kapitel.

Die Benediktiner-Mönche.
(754 – 1047.)

Wir haben bereits gesehen, wie das neugegründete Kloster seine ersten Religiosen aus dem Benediktiner-Kloster Ammergau erhalten und der Gründer selbst, der hl. Alto, von dem hl. Bonifacius bei der Einweihung zum ersten Abte eingesetzt worden.

Alto stand seiner neuen Gründung als Abt mit großem Segen vor bis zu seinem seligen Hinscheiden im Jahre 770. Nach seinem Tode erfreute sich das Kloster nur kurze Zeit einer ungestörten Ruhe, und bald brachen über die junge Pflanzung Stürme herein, welche dieselbe verwüsteten und fast gänzlichem Untergange geweiht hätten.

Als nämlich im Jahre 788 Herzog Taffilo II. von Karl dem Großen entsetzt worden war, da brachen die vom Herzog zu Hilfe gerufenen Avaren, ein wildes Volk, vom Osten her mit großer Heeresmacht im Bayerlande ein und überschwemmten unter großen Verheerungen den südlichen Theil desselben. Auch die Gegend um Altomünster wurde von den wilden Horden heimgesucht und verwüstet. Als sodann die Feinde wieder aus dem Lande vertrieben wurden, da verlor das Kloster durch den Grafen v. Hundt, welcher diesen Ort einnahm und dafür Eigenthums-Rechte geltend machte, fast alle seine Besitzungen. Das Kloster führte zwar einen Prozeß gegen den Grafen; dieser aber wußte seine Sache so zu führen, daß ihm das Eroberte wirklich als rechtliches Eigenthum zuerkannt wurde.

Bei dem Verluste aller Güter und Einnahmen konnte sich das Kloster nicht länger mehr halten und sahen dessen Bewohner sich genöthigt, dasselbe zu verlassen.

So schien das so mühsam gestiftete Werk des hl. Alto wiederum zu zerfallen; und sicherlich wäre es auch gänzlichem Ruine preisgegeben worden, hätte nicht der heil. Stifter es selbst nach seinem Tode noch beschützt. Er erschien in der Nacht einem frommen

Manne und sprach zu ihm: „Gehe hin zu den mächtigen Besitzern des Ortes, an dem mein Leib ruht, und sage ihnen: ich, Alto, mißbillige es gar sehr, daß der geheiligte Ort meiner Ruhe so schmählich vernachläßigt wird und daß an demselben Niemand Gott dient.*) Werden sie diesen Mißstand ändern, so wird ihnen dafür großer Lohn zu Theil werden; wo nicht, so wird sie schreckliche Rache des Himmels treffen." Der Ermahnte wollte aber, die Ungnade des Grafen fürchtend, nicht Folge leisten. Nun offenbarte ihm der Heilige zum zweiten Male denselben Befehl mit der Drohung, er werde, wenn er nicht folge, seinen Ungehorsam zu büßen haben. Allein auch diese Ermahnung und Drohung war fruchtlos. Bisher hatte der Mann nur eine Stimme gehört, aber keine Erscheinung gesehen. Jetzt erschien ihm ein Mönch und sprach: „Mein Herr hat mich zu dir gesendet, dich zu fragen, warum du seine Befehle verachtest." Der Mann fragte: „Wer ist dein Herr?" Der Mönch antwortete: „Mein Herr ist Alto, und er hat mich zu dir gesendet. Damit du aber erkennst, daß es wirklich so sei, so wird die Strafe, die schon zweimal dir gedroht wurde, augenblicklich dich treffen." Und sogleich fühlte sich der Ungehorsame am ganzen Leibe so gepeinigt, als wenn er mit Kolben und Ruthen geschlagen würde.

---

*) Bolland. ad 9. Febr. „Ego sum Alto, valde molestum est mihi, quod sub negligentia corporis mei locus jam diu habetur."

Auf diese Mahnung und Züchtigung hin begab sich der Mann sogleich zu dem Grafen und that ihm den Willen des Heiligen kund. Dieser, von Furcht gequält und von seinem Gewissen geängstiget, gab nicht nur das dem Kloster Entrissene wiederum zurück, sondern schenkte demselben auch noch andere Güter und Einkünfte; auch der damalige Herzog in Bayern legte eine herrliche Stiftung bei. So konnten die Mönche vom Orden des hl Benedikt wieder in das verlassene Kloster einziehen. Als Abt wurde jetzt eingesetzt der ehrwürdige Rudolf, welcher dem wiederaufblühenden Kloster viele Jahre mit Weisheit und Kraft vorstand und strenge Zucht hielt. — Sein Nachfolger war Eberhard und auf diesen folgte der Abt Heinrich.

Als das Gebiet von Altomünster gegen Ende des neunten Jahrhunderts, ungewiß auf welche Weise, an das mächtige Haus der Welfen gekommen war, fand das Kloster an denselben abwechselnd Schutz und Beeinträchtigung.

Im zehnten Jahrhundert hatte das Kloster wiederum durch die Einfälle der Ungarn zu leiden. Diese brachen im Jahre 907 zahlreich in die Ostmark ein, vernichteten an der Enns ein bayerisches Heer, wobei der tapfere Markgraf Luitpold, der sichere Stammvater des Geschlechtes der Scheyern und Wittelsbacher nebst vielen anderen Edlen des Landes den Tod für's Vaterland starb. Hierauf überflutheten die Feinde das ganze Land, raubend und mordend. Oftmals wiederholten sie ihre Raubzüge in Bayern und den angrenzenden Ländern, bis sie endlich am 10. August

955 auf dem Lechfelde bei Augsburg eine solche Niederlage erlitten, daß nur wenige mit dem Leben davonkamen.

Die übrige Geschichte des Klosters während dieses ganzen Zeitraumes ist uns unbekannt, da aus dieser und auch noch aus der späteren Zeit bis nach der Mitte des 15. Jahrhunderts alle archivalische Quellen des Klosters verloren gegangen sind.*) Bei diesem Mangel und dem Widerspruche der Geschichtschreiber läßt sich auch die Zahl der Aebte hiesiger Benediktiner-Abtei während des Bestehens derselben in einem Zeitraume von fast 300 Jahren nicht wohl bestimmen. Der letzte derselben, Namens Heinrich, wanderte im Jahre 1047 mit seinen Mitbrüdern nach Altdorf aus, wo er im Jahre 1053 Zeuge der Einäscherung dieses Klosters und der darauf folgenden Verlegung desselben auf den nahen Martinsberg oder Weingarten war. Dieses unweit Ravensburg in Schwaben gelegene Kloster erwuchs in der Folge zu einer unmittelbaren Reichsabtei.

---

*) Die monumenta altomonasteriensia sind in monumenta boica X. 325—372 gedruckt. v. Hundt Urkunden des Klosters Altomünster aus der Zeit des Besitzes des Ordens vom hl. Benedikt in Auszügen mitgetheilt im oberbayerischen Archive XX. 3—24, woselbst auch S. 5 die Literatur bis auf Ganderhofer (1830) zusammengestellt ist. — v. Raiser: Wappen der Städte u. s. w. S. 97—98. — Bavaria I. 818, Anmerk. 1.

3. Kapitel.

Die Benediktiner-Nonnen.
(1047—1497.)

Wie bereits erzählt worden ist, zogen im Jahre 1047 die Benediktiner-Mönche von ihrem Kloster Altomünster aus nach Altdorf. Daselbst war bisher ein Benediktiner-Nonnenkloster gewesen. Dieses nun bezogen die Mönche von Altomünster, während die Nonnen von demselben nach Altomünster in das Kloster des hl. Alto übersiedelten. Anlaß zu dieser wechselseitigen Versetzung gab Irmengard oder Imiza, Gemahlin des erlauchten Grafen Welf IV. und Schwester der hl. Kaiserin Kunigunde. Wittwe geworden im Jahre 1030, entschloß sie sich, der Welt zu entsagen und ihre noch übrigen Lebenstage in klösterlicher Einsamkeit zuzubringen, und nahm den Schleier im Kloster Altdorf.

Allein die schöne Gegend von Altdorf, wo sie ihr früheres Leben in der Welt verbracht hatte, sagte ihrem nach stiller Einsamkeit verlangenden Gemüthe wenig zu. Darum wurde in ihr der Wunsch stets reger, daß die schon von ihrem Gemahle beabsichtigte gegenseitige Versetzung der Religiosen von Altdorf und Altomünster zur Wirklichkeit werde. Da beide Klöster in dem Bereiche der Besitzungen des Welf'schen Hauses gelegen waren, so konnte dem Wunsche Irmengardens um so leichter willfahrt werden; und so zogen denn im Jahre 1047 an die Stelle der Mönche die

Nonnen vom Orden des hl. Benedikt in das hiesige Kloster ein. Hier nun an gottgeheiligter Stätte lebte Irmengarde ein Leben des Gebetes, der Abtödtung und Selbstverleugnung, unter der Aebtissin **Hiltrudis**, bis zu ihrem seligen Hinscheiden. — Im Jahr 1055 mußte sie hier noch den Tod ihres Sohnes **Welf V.**, Herzogs von Kärnthen und damit das Erlöschen des Mannsstammes ihres in Bayern und Tirol reichbegüterten alten Hauses erleben. — Durch sie wurden auch die Güter des Klosters bedeutend vermehrt; auch erwirkte sie für die Nonnen die Erlaubniß, aus der Quelle des hl. Alto Wasser zu schöpfen, was bisher nach der Bestimmung des hl. Bonifazius nur Männern erlaubt war.

Um die Mitte des zwölften Jahrhunderts trat in dieses Benediktiner-Nonnen-Stift ein **Euphemia**, Tochter des Grafen **Berthold** von Andechs und seiner Gemahlin **Sophia** von Ammerthal, und Schwester der seligen **Mechtildis**, Abtissin von Dießen und Edelstetten. Kaiser Friedrich I., den Mechtildis in Angelegenheiten ihres Klosters im Jahre 1156 zu Regensburg besuchte, begrüßte sie als seine Blutsverwandte (cognata). Wie diese ihre Schwester, so verzichtete auch Euphemia auf alle Ansprüche, welche ihr die hohe Geburt und der große Reichthum ihres Hauses darbot. Sie wollte als demüthige Magd des Herrn sich ganz ihrem Gotte weihen und legte im Kloster Altomünster die heiligen Gelübde ab. In kurzer Zeit erwarb sie sich durch ihre demüthige Selbstverleugnung und durch ihre innige Liebe zu Gott und zu allen ihren Mitschwestern ein solches Vertrauen, daß sie nach dem Tode der Abtissin Hiltrudis II. zu ihrer Nachfolgerin erwählt wurde. Sie stand dem Kloster mit großem Segen vor, bis sie im Jahre 1180 am 17. Juni im Rufe der Heiligkeit starb. Ihr Leichnam wurde in das Kloster Dießen gebracht, und daselbst in dem Familienbegräbnisse neben dem Leichname ihrer seligen Schwester Mechtildis feierlich zur Erde bestattet. Die Urkunden von Altomünster und Raderus bezeichnen sie als eine Heilige. Das Martyrologium der Benediktiner gibt ihr den Titel „selig."

Die Benediktiner-Nonnen bewohnten das Kloster Altomünster über vierhundert Jahre lang. Anfangs wurde die klösterliche Disciplin auf das Eifrigste beobachtet und das Kloster gedieh zur schönsten Blüthe. Allein dies blieb nicht immer so; der Eifer in Erfüllung der Ordensregeln und in Beobachtung der klösterlichen Zucht ließ, wie in vielen anderen Klöstern, auch hier nach; die Nonnen führten ein üppiges Leben, so daß Ausgaben und Einnahmen sich nicht mehr deckten und zur Beibringung des Abganges die Stiftung selbst angegriffen werden mußte. Das Kloster erhielt weltliche Verwalter, es kamen nachtheilige Zeitverhältnisse, so daß Alles auf den völligen Ruin des Klosters hinarbeitete. — Um die Mitte des fünfzehnten Jahrhunderts ging dasselbe seiner Auflösung entgegen. Im Jahre 1479, in welchem Herzog Georg der Reiche von Bayern-Landshut zur Regierung gelangte, sehen wir die Güter, welche das Kloster in Bayern und Tirol besaß, theils verkauft, theils verpfändet, die Gebäude verfallen und mit dem Kloster, das von den Nonnen verlassen worden war, hatten auch die dahin gestifteten Gottesdienste aufgehört.*)

*) In dem Gebiete von Altomünster am Zeiblbache sammelte Herzog, nachmals Kaiser, Ludwig der Bayer im Jahre 1313 sein Kriegsvolk, mit dem er am 9. November desselben Jahres, nachdem die Bürger von Landshut, Ingolstadt, Straubing und Moosburg sich ihm angeschlossen hatten, über Friedrich den Schönen von Oesterreich bei Gammelsdorf einen glänzenden Sieg erfocht. — Die schon im eilften Jahrhundert zu einem Marktflecken herangewachsene Gemeinde Altomünster erhielt in diesem Zeitraume von mehreren Fürsten ansehnliche Privilegien, besonders von Herzog Stephan II. im Jahre 1391.

II. Zeitraum.
Altomünster ein Birgitten=Doppelkloster.
(1497—1803).

4. Kapitel.
Die Restauration. Wiederaufblühen des Klosters.

Als das Kloster Altomünster bereits von den Nonnen verlassen war, übernahm Herzog Georg der Reiche von Bayern=Landshut (1479—1503) die Regierung seines Landes. Unter seine Herrschaft gehörte auch das Gebiet von Altomünster. Begeistert für das Wohl der Kirche sah der Herzog mit Betrübniß den Ruin des Klpsters, zugleich überzeugt, daß durch den Untergang des Klosters auch die schon so ansehnliche Marktgemeinde gefährdet sei. — Darum wollte er nicht, daß diese uralte heilige Stätte gänzlichem Verfalle überlassen werde, und faßte den Entschluß, das Kloster neu herzustellen und wieder Ordensleute in dasselbe einzuführen.

Herzog Georg hatte zur Gemahlin Hedwig, die Tochter des Polenkönigs Kasimir IV. Diese hatte in ihrer Heimath den Orden der heiligen Birgitta, einer Fürstentochter aus Schweden, kennen gelernt und war demselben mit inniger Liebe zugethan. Auf ihre inständigen Bitten beschloß der Herzog, den Orden auch in seinem Lande einzuführen. Zu diesem Zwecke ließ er das Kloster Altomünster aus seinem Ruine wieder aufbauen, beschenkte es mit fürstlicher Freigebigkeit mit Rechten und Gütern in der Umgegend*) und verordnete, daß von nun an das Kloster **Mariamünster** (Maria-Altomünster) genannt werde; ebenso erwirkte er ihm durch seinen Gesandten in Rom, den edlen Grafen Wolfgang v. Sandizell die Bestättigung durch Papst Innocenz VIII., nebst sehr wichtigen Freiheiten und Exemptionen.

Am 21. Januar 1497 erfolgte die Besitznahme des wiederhergestellten Klosters durch den Orden der heiligen Birgitta. Nach den Ordensstatuten war dasselbe ein Doppelkloster, für Nonnen und Mönche. Die beiden Convente waren durch die Kirche und eine hohe Mauer von einander geschieden. In das Frauenkloster führte am genannten Tage der Weihbischof von Augsburg, Johann von Werthheim, in Gegenwart eines Abgeordneten des Bisthums Freising, des Abtes Dr. Georg Sperl von Scheyern,

---

*) Laut Stiftungsurkunde des Herzogs erhielt das Kloster als Schankung: Ober- und Unterzeidlbach, Hummersberg, Sielenbach, Rinnenthal, Rohrbach, Griesbach, Stumpfenbach, Alberzell Hohenried, Sengenried, Heilmannsried und Arnhofen.

fünfzehn aus dem Kloster Maria-Mayingen bei Nördlingen berufene Nonnen Ord. St. Birgittae ein. In das Herrenkloster zogen acht Priester und drei Brüder ein.

Außer der Gnade des genannten frommen Herrscher-Paares verdankte man die Neugestaltung des Klosters noch besonders der gräflichen Familie von Sandizell. Graf Wolfgang von Sandizell hatte als Gesandter des Herzogs Georg des Reichen in Rom die Einführung des Birgitten-Ordens in Altomünster mit dem größten Eifer beim heiligen Stuhle betrieben und auch erwirkt, und dem Kloster einen beträchtlichen Theil seines Vermögens zugewendet. Nun legte er die Stelle eines Ministers bei Herzog Georg, bei dem er seiner Verdienste wegen in hohen Ehren stand, nieder und verlangte selbst das Ordenskleid. In Rom von Papst Innocenz VIII. mit dem Ordenshabit bekleidet, trat er, da er aus Demuth die Weihe des Priesterthums nicht annehmen wollte, als Laienbruder in das Kloster ein. Als solcher gab er 28 Jahre lang das Beispiel eines demüthigen, eifrigen Ordens-Mannes, und starb am 18. April 1525 im Rufe der Heiligkeit. — Er war es auch, der die Erlaubniß zur Erhebung der Reliquien des heiligen Alto erwirkte und dem Kloster viele Heiligthümer aus Rom mitbrachte.

Auch die Gräfin Eva von Sandizell wollte hinter ihrem Gemahle nicht zurückbleiben. Sie folgte ihm vielmehr in der Demuth und Entsagung, indem auch sie in das Kloster sich aufnehmen ließ und als

Laienschwester bis zu ihrem Tode 1503 im Orden ein gottseliges Leben führte.

In den ersten zwei Jahren wählte man keine Abtissin, sondern die Schwester M. Anna Hutter, und nach ihr M. Christina Weigl wurden je auf ein Jahr als Verweserinen aufgestellt, und verwalteten das Kloster unter Beiwirkung des Beichtvaters P. Andreas Baumann. Am 27. November 1499 schritt man endlich zur Wahl einer Abtissin, welche auf die Schwester M. Ursula Klöbl aus Nürnberg fiel. Zum Prior und General Beichtvater wurde zur nämlichen Zeit von beiden Conventen gewählt P. Peter Alber von Blumenthal.*)

Das wieder auflebende Kloster erschwang sich schnell zur schönsten Blüthe empor. Nach dem Zeugnisse des Leonard Meister (in seinen berühmten Männern Helvetiens, Bd. II. S. 56) zählte das Kloster Maria-Altomünster schon im Jahre 1520 Männer, welche sich eben so sehr durch Frömmigkeit als Gelehrsamkeit auszeichneten Diese Männer waren es ohne Zweifel, welche den gelehrten Oecolampadius aus Weinsberg an sich zogen. Dieser, früher Professor in Basel, dann Domprediger in Augsburg, erhielt hier durch den Fürstbischof Philipp von Frei-

---

*) Die Wahl der Abtissin und des Priors wurde stets unter großer Feierlichkeit mit Stimmenabgabe beider Convente vorgenommen. Da die Temporalien ganz in der Hand der Abtissin lagen, so wurde zu ihrer Wahl neben dem bischöflichen auch ein Regierungs-Kommissär abgeordnet, während bei der Wahl des Priors blos ein bischöflicher Kommissär anwesend war.

fing das Ordenskleid. Mit den schönsten Gaben und Talenten ausgestattet, berechtigte er zu den freudigsten Hoffnungen. Schon in seiner Jugend besaß er eine so ausgezeichnete Frömmigkeit und führte einen so sittsamen Lebenswandel, daß er allen studirenden Jünglingen seines Alters zum Muster dienen konnte. Man besitzt noch Briefe von ihm aus dieser Zeit, die er am Fuße eines Crucifixes geschrieben, und worin er bezeugt, daß er sich nur mit Mühe von der Betrachtung des Leidens des Erlösers losreißen könne, und von der Seligkeit des vertraulichen Umganges mit Gott in einer Weise spricht, die den Geist der zartesten Andacht und Frömmigkeit athmet. Als er später seinem Drange nach Vollkommenheit folgte und in das Kloster trat, war er ebenso eine Zeit lang das Muster eines eifrigen von der Welt losgeschälten Ordensmannes. Doch — nicht mehr als zwei Jahre seines Aufenthaltes im Kloster waren verflossen, als er nicht nur vom Ordensstande, sondern auch vom katholischen Glauben abfiel. Er war der Erste in Bayern, der Luthers Ideen öffentlich Beifall zollte und gegen die Lehren und Einrichtungen der katholischen Kirche durch Predigten und Schriften mit unermüdetem Eifer kämpfte. Er starb als Reformator im Jahre 1531 zu Basel. Merkwürdig ist die Aeußerung, welche Oecolampadius bei seinem Austritt aus dem Kloster dem Pförtner gegenüber machte: „Euch kann man glücklich nennen, denn ihr kommt mit eurer Einfalt in den Himmel, während wir Doctoren mit unserer Gelehrsamkeit zur Hölle fahren."

Der Same, welchen Oecolampadius hier ausgestreut, war auf kein dürres Erdreich gefallen, und wucherte noch lange nach ihm fort. Zehn Conventualen dieses Klosters traten nach und nach zur Reformation über, nämlich vier Priester, fünf Laienbrüder und eine Nonne, Namens Charitas aus München.

Im Jahre 1525 den 18. April erlitt das Kloster einen großen Verlust durch das Hinscheiden eines seiner größten Wohlthäter, des Bruders Wolfgang von Sandizell, den wir seit 1488 in den vorhandenen Urkunden ununterbrochen für das Kloster thätig finden.

Am 20. Juni 1535 wurde das Kloster von seinem Landesfürsten, Herzog Wilhelm IV. und dessen Gemahlin Jakobäa mit einem Besuche ausgezeichnet.*) Eine noch höhere Ehre wurde ihm zu Theil im Jahre 1548. Am 26. Januar kam nämlich der römische Kaiser Ferdinand I. von Augsburg hieher, nahm im Herrenkloster das Mittagsmahl ein und wohnte Nachmittags der Todtenvesper für seine hohe Gemahlin bei. Er hatte nämlich für sie im Kloster eine Jahrtagsfeier angeordnet, welche am folgenden Tage mit Seelenamt und Predigt gehalten wurde, wobei er gleichfalls persönlich anwohnte. Zum Andenken hinterließ er dem Kloster nebst anderen Geschenken einen vollständigen schwarzsammtnen Ornat. Leider ist dieses werthvolle kaiserliche Geschenk nicht mehr vorhanden.

---

*) Zum Andenken hinterließ der Herzog einen rothen Sammt-Ornat mit Stickerei, dessen Kasula noch erhalten ist.

Noch war kein Jahrhundert seit der Einführung des Ordens der heiligen Birgitta in Altomünster verflossen, als wegen des noch immer wachsenden Conventes die Räumlichkeiten des Klosters nicht mehr ausreichten. Man mußte zu einer Erweiterung derselben schreiten, welche auch im Jahre 1589 ausgeführt wurde. Herzog Wilhelm V., der Fromme, der Gründer des prachtvollen Jesuiten-Collegiums sammt Michaelskirche in München, bezeugte bei dieser Gelegenheit dem Kloster seine besondere Gunst, indem er ihm zum Baue einen Beitrag von 4000 fl. spendete, und dem Gotteshause fünf neue Glocken zum Geschenke machte, welche von dem Weihbischof von Freising am 15. Oktober 1587 geweiht wurden.

Als die bauliche Erweiterung des Klosters vollendet war, dachte man bald wieder an ein größeres Unternehmen, an die Erbauung der Filialkirche in Oberzeidlbach. Dieses Dorf, eine halbe Stunde südwestlich von Altomünster gelegen, bildet den Mittelpunkt der Ortschaften: Oberndorf, Rattenshofen, Uebermanning, Plirenried und Rögersberg. Die Erbauung einer neuen Filialkirche war ein dringendes Bedürfniß für diese Ortschaften geworden. Um diesem abzuhelfen, wurde während der Verwaltungs-Periode der Abtissin M. Anna Dieter, welche von 1604—1618 dem Kloster vorstand, der Neubau der Kirche in Oberzeidlbach begonnen und vollendet. Am 13. Oktober 1613 fand die Einweihung statt.

Um aber solch' große Unternehmungen beginnen und ausführen zu können, mußten dem Kloster bedeutende

Einkünfte zur Verfügung stehen; und wir finden auch, daß sich die finanzielle Lage des Klosters im 16. Jahrhundert sehr günstig gestaltet hatte. Das Kloster hatte in dieser Zeit für alle seine Besitzungen eigene Gerichtsbarkeit. Nach den noch im k. b. Reichsarchive vorhandenen Saalbüchern, aus der Zeit der hiesigen Benediktiner-Nonnen, lagen die Dörfer, Höfe und Güter des Klosters in den Gerichten von Aichach, Friedberg, Schrobenhausen, Dachau und Landsberg zerstreut. Auch in Tirol hatte das Kloster einige 40 eigenthümliche gildbare Höfe und Güter in der Herrschaft Kitzbühel und bei Meran besessen.*) Diese Güter waren um die Mitte des 16. Jahrhunderts, anfangs gegen Vorbehalt der Wiedereinlösung, im Jahre 1582 aber unbedingt veräußert worden. Da indessen diese Verhandlung ohne landesfürstliche Bewilligung vorgenommen ward, so wurden sie im Jahre 1603 auf Betrieb des Herzogs Wilhelm des Frommen von Bayern gegen Zurückerstattung einer Kaufssumme wieder eingelöst.

Zehent besaß das Kloster damals zu Altomünster, Stumpfenbach, Schauschorn, Erlach, Breitenau, Weihl, Habbach und Randelsried.

---

*) Diese waren großentheils ein Geschenk der Gräfin Ita von Oeningen, welche um das Jahr 1020 starb und im hiesigen Kloster ihre Ruhestätte gewählt hatte.

5. Kapitel.
Neue Drangsale.

Während einer Reihe von 120 Jahren hatte sich der Stand des Klosters in seinen inneren und äußeren Verhältnissen immer mehr gehoben, wozu die friedlichen Zeitverhältnisse und die das kirchliche und klösterliche Leben so fördernde Regierung, besonders des letzten Herzogs, vieles beigetragen. Jetzt aber begann eine lange Zeit von Stürmen und Drangsalen für das ganze große deutsche Vaterland. Im Jahre 1618 brach der unheilvolle dreißigjährige Krieg über Deutschland herein, der auch unserm Kloster viele und harte Leiden brachte.

Schon die großen außerordentlichen Ausgaben der vorausgegangenen Jahre hatten die Finanzen des Klosters stark angestrengt; der Krieg legte ihm neue Lasten auf. Im Jahre 1620 mußte es Pferde stellen zum böhmischen Kriege, in welchem Herzog, nachmals Kurfürst, Maximilian von Bayern am weißen Berge bei Prag einen glänzenden Sieg erfocht. (Die 1638 errichtete Mariensäule auf dem alten Schrannenplatze, jetzt Marienplatz, in München hatte Maximilian in dieser Schlacht gelobt.) — Im Jahre 1631 mußte das Kloster 3000 fl. geben zum Behufe der Landes-Vertheidigung, und im folgenden Jahre hatte es eine neue Kriegsauflage von 2000 fl. zu zahlen.

Dies war nur das Vorspiel zu den Drangsalen, welche der Feind selbst über das Land und auch dem Kloster brachte. Schon im Jahre 1630 war der

Schwedenkönig Gustav Adolf auf deutschem Boden gelandet und drang, nachdem viele protestantische Fürsten sich ihm angeschlossen, immer weiter in Deutschland vor. Im Jahre 1631 besiegte er vor Leipzig bei Breitenfeld den bayerischen Feldherrn Tilly und drang im Frühjahre 1632 nach Bayern vor. Tilly stellte sich ihm bei Rain zwischen der Donau und dem Lech entgegen, mußte sich aber vor der Uebermacht und schwer verwundet, nach Ingolstadt zurückziehen, wo er am 30. April starb. Jetzt ergossen sich die ungezügelten Heerhaufen der Schweden über das unglückliche Land gegen Ingolstadt hin, dessen feste Mauern und Wälle jedoch all' ihren Angriffen trotzten.

Die Nonnen unsers Klosters flüchteten sich bei der Kunde vom Herannahen des Feindes mit Ausnahme einiger weniger derselben nach München, wo sie theils im Bittrich=Kloster, theils bei den Klarissinen im Anger gastfreundliche Aufnahme fanden. Von den Mönchen, deren mehrere entlassen werden mußten, hatten sich einige nach Salzburg, andere nach Meran geflüchtet.

Am 24. April 1632 brach der Feind auch in Altomünster ein und hauste wie überall fürchterlich. Mord und Brand kennzeichnete die verlassenen Stätten. Ein trauriges Loos harrte der im Kloster zurückgebliebenen Schwestern und Brüder. Drei der Ersteren, zur Flucht zu alt und gebrechlich, gaben im Krankenzimmer aus Mangel an Nahrung den Geist auf; zwei zurückgebliebene Brüder wurden im Keller erschossen. Das Wohngebäude der Fratres und die Oekonomiegebäude des Klosters gingen in Flammen auf. Das Kloster selbst entging nach einer mündlichen Ueberlieferung dieser Gefahr nur dadurch, daß die Soldaten im Refektorium, das sie als Pferdestall benützten, die Ordensregel fanden und daraus ersahen, daß die Stifterin des Ordens eine Fürstin aus Schweden war. Daraufhin hätten sie das Kloster vor dem Brande bewahrt. Im Markte wurden ganze Gassen weggebrannt, viele Menschen gemordet, oder schrecklich mißhandelt und dem Elende preisgegeben. Im Jahre 1635 zählte man von 1300 Communicanten nur noch 200; so sehr war die Bevölkerung zusammengeschmolzen; und ihre Habe war so verringert, daß nur Wenige die Schutthaufen aufräumen und neue Wohnsitze gründen konnten. Landesfürstliche Verfügungen vom Jahre 1642 ermöglichten es erst vielen Einwohnern, durch beträchtlichen Nachlaß der Gilden, sich wieder anzusiedeln. Dazu wirkte auch das Kloster mit seinen reichen Waldungen wohlthätig mit, indem es das Holz zur Bauführung unentgeldlich abließ.

Von dem festen Ingolstadt hatte sich Gustav Adolph nach Süden gewendet, die Städte Landshut, Moosburg und Freising furchtbar gebrandschatzt und war am 17. Mai in München eingetroffen, von wo er viel Gold, Kanonen und Geißeln mit sich nahm; dann zog er aus dem Lande ab, stellte sich bei Nürnberg Wallenstein gegenüber, nöthigte diesen am 16. November zur Schlacht bei Lützen, wo er selbst fiel. Doch schon im Jahre 1634 erschienen die Feinde abermals in Bayern, wobei es um Aichach herum zu einem Gefechte kam; wurden aber bald wieder vertrieben.

Nach der unglücklichen Schlacht bei Allersheim im Ries (3. August 1645) fielen die verbündeten Franzosen und Schweden im Jahre 1646 wiederum in Bayern ein, und drangen über Nördlingen, Donauwörth und Rain bis Freising vor. Diesmal stand die Sache wieder gefährlicher. Beim Nahen der Feinde hatte man dahier die Kirchenschätze in das Adelzreiter'sche Haus nach München geflüchtet, und am 25. März sahen sich die beiden Convente abermals zur Flucht genöthigt. Am 11. August fielen die Schweden ganz unvermuthet hier ein, und nahmen 21 Pferde mit sich fort. Als am 5. September eine Abtheilung der schwedisch-französischen Armee nach Dachau gekommen war, und daselbst plünderte und brandschatzte, ward auch dem hiesigen Kloster ein Brandbrief zugeschickt. Ein junger Ordensgeistlicher jedoch bewirkte bei seiner Sendung ins feindliche Lager durch Erlegung einer Summe von 800 fl die Abwendung der drohenden Gefahr.

Dreißig Jahre lang hatte der Krieg mit all' seinen Schrecken in allen Gegenden Deutschlands gewüthet; endlich im Jahre 1648 kam es zum Frieden. Aber noch lange währte es, bis die Wunden, welche er geschlagen, wiederum einigermaßen heilten. Die Zahl der im Markte Altomünster vom Feinde niedergebrannten Häuser betrug 23, und von den Grundunterthanen des Klosters (zu Rohrbach, Rinnenthal, Griesbach, Tegernbach, Sielenbach, Tödtenried, Wollenmoos, Hummersberg, Heilmannsried, Rupertskirch, Hohenried, Sengenried, Ober- und Unterzeiblbach, Stumpfenbach, Deutenhofen, Plirenried u. s. w.) verloren 78 ihre Gehöfte durch die Flammen. Viele Güter lagen öde und unbemayert, indem die Besitzer entweder gänzlich verarmt, oder durch den Krieg, oder die Pest hinweggerafft waren. Im Glongebiete waren sämmtliche Schlösser in Flammen aufgegangen.

Am 25. November 1648, nachdem der westphälische Friede bereits zum Abschluß gekommen war (24. Oktober), kehrten die beiden geflüchteten Convente des Klosters wieder in ihre Clausur zurück. Im Frauenkloster waren 40 Schwestern, das Herrnkloster zählte 13 Mitglieder nämlich 9 Priester, 1 Diacon und 3 Laienbrüder.

Am Weihnachtsfeste des nächstfolgenden Jahres wurden die zur Sicherheit nach München gebrachten Heiligthümer und Kirchenschätze wieder zurückgebracht und feierlich dahier eingeführt. Von diesen Heiligthümern ist noch vorhanden:

1. **Die Hirnschale des hl Alto**, in moderner Silberfassung. Am Feste des Heiligen (9. Februar) wird daraus den Gläubigen von einem Priester Wein zu trinken gereicht.

2. **Das Messer**, mit dem der hl. Alto die Bäume bezeichnete, die er zum Klosterbaue verwendet wissen wollte. Dieses Messer enthält eine schmale celtische Klinge von Eisen und ein höchst zierliches Silberheft, das Blätter und Vögel zeigt, und von einem Mönche

des Klosters verfertigt wurde, laut der Inschrift: „Pater Pius Gensler, Ord. St. Birgittae, 1700."

Der unschätzbare kleine Kelch des hl. Alto, mit welchem sich das oben erzählte Wunder ereignete, befand sich im Kloster bis zu dessen Aufhebung, wo er mit vielem Anderen, nach der Ueberlieferung, zum Einschmelzen in die Münze wandern mußte.

3. Ein Crucifix, angeblich aus Rom stammend, vor welchem die hl. Birgitta ihre Regel schrieb und mit jenen wunderbaren Offenbarungen begnadigt wurde, welche auf das kirchliche Leben ihrer Zeit so großen Einfluß ausübten. Es ist ein schönes, idealgehaltenes, romanisches Schnitzwerk aus dem 9. oder 10. Jahrhundert.

4. Der Reisestab der hl. Birgitta, den sie auf ihrer Wallfahrt nach Jerusalem benützte. Er ist von Weißdorn, wie der Stock eines schlichten Pilgers, und ist jetzt in eine moderne Silberfassung gehüllt, so daß man ihn nur oben am Krückenkopfe und durch einige Fensterchen sehen kann. Oben am Kopfe trägt er die italienische Inschrift: „Maza di S. Brigida." Wahrscheinlich hat die Heilige diesen Stab aus Jerusalem mitgebracht; in einem Kloster ihrer Töchter in Italien aufbewahrt, wurde er später mit dieser Aufschrift versehen, um alle Verwechselung ferne zu halten.

5. Die Trinkschale der hl. Birgitta, ein aus mehreren Wulsten gebildetes, nach unten sich verengendes Schüsselchen aus Burbaum. — Auf dem oberen Wulste von außen sind die italienischen Worte

zu lesen: „Ciotola dove beveva St. Brigida"*), eine Inschrift, die den Lettern nach aus dem 16. oder 17. Jahrhundert stammt, und auch auf Italien weist. Die Hohlkehle des Innern der Schale enthält in großen verzogenen romanischen Majuskeln die Worte: „Jesu Naz. Rex. Jud. miserere."**) Diese Inschrift scheint aus der Zeit der hl. Birgitta selbst zu stammen (14. Jahrhundert). Sie betete vielleicht dieses Schußgebet, so oft sie trank, und ließ es darum im Innern der Schale anbringen. Ferner finden sich außen auf einem der tieferen Wulste in lateinischen Minuskeln des 15. Jahrhunderts die schwer lesbaren Hexameter:

„Hujus erat ligni satrix Birgitta beata;
Hoc vase sunt digni viventes cum pace grata."***)

Darnach hätte die Heilige den Baum, woraus die Schale gefertigt ist, selbst gepflanzt.

6. Kapitel.

Erholung. Schöne Blüten.

Mit der Wiederkehr des Landesfriedens war auch im Kloster wieder Ruhe und Erholung eingetreten für die hart bedrängten Bewohner. Bald waren die Wunden, die der Krieg geschlagen, vernarbt; das

---

*) Schüßelchen, woraus die hl. Birgitta zu trinken pflegte.
**) Jesus von Nazareth, König der Juden, erbarme dich.
***) Pflanzerin war dieses Holzes die sel'ge Birgitta (hinieden); Würdig sind dieses Gefäßes, die leben im lieblichen Frieden.

Kloster erhob sich zu neuem Wohlstande, der sich rasch von Jahr zu Jahr vermehrte und die vorausgegangenen Leiden und Verlurste vergessen machte.

Schon im Jahre 1651 konnte man die Kapelle in Rupertskirch wieder neu aufbauen, welche dann am 9. Oktober von dem Weihbischof Dr. Firnhammer eingeweiht wurde,*) nachdem Derselbe Tags zuvor der Primizfeier seines im hiesigen Kloster sich befindlichen Bruders, P. Thabdäus, angewohnt hatte.

Als Abtissin stand damals dem Kloster vor M Magdalena Karl (1649—1669). Unter ihr hatte sich das Kloster wiederum eines hohen Besuches zu erfreuen. Am 11. März 1660 hatte es die Ehre, die Kurfürstin Anna, zweite Gemahlin des Kurfürsten Maximilian I. und Tochter Kaiser Ferdinands II. in seinen Mauern zu begrüßen, welche nicht ohne ausgezeichnete Beweise von Großmuth das Kloster nach einigem Aufenthalte wieder verließ.

Im Jahre 1666 wurde der hiesige Markt von einem so heftigen Ungewitter heimgesucht, daß der Orkan mehrere Häuser niederriß und besonders auch im Altoforste großen Schaden anrichtete.

Unter der Abtissin M. Clara Reischl, welche vom Jahre 1676—1704 mit großem Segen dem Kloster vorstand, ward dasselbe vom Herzog Albrecht Sigmund aus dem Hause Bayern, Fürstbischof von

---

*) Diese Kapelle verschwand in der bekannten Lichtungsperiode, 1803.

Freising, mit einem Besuche beehrt. Derselbe kam am 24. Oktober 1680 hier an in Begleitung seines Weihbischofes, der an 1800 Firmlinge das hl. Sakrament spendete. Unter ihr wurde auch eine $\tfrac{3}{8}$ Stunden weit führende Wasserleitung angelegt, ein Werk, wodurch viele Häuser des Marktes stets fliessendes Wasser erhielten. Leider wurde diese wohlthätige Einrichtung nach Aufhebung des Klosters nicht mehr unterhalten, so daß sie zu Grunde gehen mußte. In diese Zeit fällt ferners auch der Bau des sogenannten Bischofshauses, das nunmehr als Pfarrwohnung dient, sowie des Gasthauses auf dem Hofe, welches seit 1826 als Schulhaus benützt wird. Ueberhaupt geschah unter dieser würdigen Abtissin vieles zum Wohle und zur Verschönerung von Kloster und Markt.

Kaum hatte sich indeß das Kloster von den schweren Schlägen des dreißigjährigen Krieges wieder erholt und zu einem neuen Wohlstande aufgeschwungen, da ertönte schon wieder die schauerliche Kriegstrompete im Lande. Im Jahre 1701 brach der spanische Erbfolgekrieg aus, in welchem sich Churfürst Maximilian Emanuel auf Frankreichs Seite stellte gegen Oesterreich, mit dem sich England und Holland verbündet hatten. So wurde auch Bayern der Schauplatz des Kampfes, und im Jahre 1703 sahen sich beide Convente zur Flucht genöthigt, und begaben sich zuerst nach Freising, und dann am 11. Juli des folgenden Jahres nach München.

Nach der für Bayern so unglücklichen Schlacht

am Schellenberge bei Donauwörth, am 2. Juli 1704, überschwemmten die feindlichen Truppen das ganze Land und verwüsteten es mit türkischer Grausamkeit. Hier fielen sie am 18. Juli ein und plünderten und verheerten die ganze Umgegend. — Im Kloster selbst wurden alle Fenster und Oefen zerschlagen, die Einrichtung verschleudert, von den Glocken, welche Herzog Wilhelm der Fromme der Kirche geschenkt hatte, die größeren zwei geraubt, und beim Abzuge der Feinde, Geißeln und Vieh weggeschleppt.

Die Abtissin M. Clara Reischl sah diese Verwüstung nicht mehr; sie starb auf der Flucht in München noch im Laufe des Jahres 1704.

Im Jahre 1714 kehrte endlich der allgemeine Friede wieder, und mit ihm auch seine Segnungen, welche die traurigen Folgen des Krieges bald wieder verwischten. Schnell erholte sich das Kloster; es wurden mehrere Grundstücke wieder angekauft, unter Anderem auch ein Garten, welcher im Jahre 1733 zu einem Gottesacker umgeschaffen und mit Mauern umgeben wurde. Im Jahre 1723 wurde das morsche Herrenkloster gänzlich niedergelegt, und dafür ein neues, drei Stock hohes, großartiges Gebäude aufgeführt.

Neben dem äußeren Wohlstande entfaltete sich das innere, geistige Leben des Klosters zur schönsten Blüte. In den Tagebüchern von P. Hörmann und P. Scheck finden sich viele Namen von hiesigen Nonnen verzeichnet, welche sich durch ein heiliges Leben auszeichneten. Leider sind uns diese Schriften bei der Säkularisation mit vielen anderen wichtigen Werken verloren gegangen. Nur einige Züge von echtem Geiste klösterlichen Lebens sind theils schriftlich theils mündlich auf uns gekommen: —

Noch zeigt man im Kloster die Zelle einer Nonne, welche, in glühende Andacht versunken, einer Erscheinung des Jesukindleins gewürdigt wurde. Während sie in seliger Wonne mit dem göttlichen Kinde sich unterhielt, wurde ihr von der Priorin der Auftrag, in den Hof zu gehen und Holz zu tragen. Die Schwester hatte so sehr mit ihrem Eigenwillen gebrochen, daß sie sogleich der Aufforderung des hl. Gehorsams nachkam. Dafür fand sich aber auch bei ihrer Rückkehr in die Zelle nach vollbrachter Arbeit Jesus noch vor, jedoch nicht mehr in Gestalt des unmündigen Kindes, sondern in der des gereiften Mannes, um dadurch die erhabene Wahrheit zu veranschaulichen, daß die Seele bei der Entfaltung und Gestaltung des geistigen Lebens in dem Maße, als sie durch beständige Uebung des heiligen Gehorsams ihren Willen dem göttlichen Willen unterordnet und gleichförmig macht, zur vollen Mannesgröße ihres Heilandes heranwachse.

Eine andere Schwester hatte es durch ihre Demuth und Selbstverläugnung zu so heldenmüthigem Gehorsame gebracht, daß er auch von Gott belohnt wurde in ausgezeichneter Weise, indem sie im Auftrage ihrer Obern glühende Kohlen wie Perlen in ihren Händen trug, ohne im Geringsten verletzt zu werden.

Ferner wird von einer Schwester berichtet, daß sie so vertraut war mit dem himmlischen Bräutigam, daß einst bei Spendung der hl. Communion die hl. Hostie von der Hand des Priesters weg und in den Mund der Gottesbraut flog, eine Erscheinung, die bei vielen anderen heiligen Personen wiederholt vorgekommen ist. — So fehlte es in diesem Gottesgarten nie an wundersamen Blumen des mystischen Lebens!

Bekanntermassen blühte in den Klöstern in früheren Jahrhunderten, zugleich mit dem Flore des geistlichen Lebens, die christliche Kunst, wie uns z. B. das Leben eines Fiesole und vieler Anderer bezeugen. Dieß mag besonders darin seinen Grund haben, daß in Folge der beständigen Betrachtung des Lebens Christi und seiner Heiligen die äußere Form dem Geiste lebhafter sich einprägt und durch die schöpferische Fruchtbarkeit einer lauteren, unschuldigen Phantasie zur himmlischen Idealität verklärt wird.

Auch in unserem Kloster fand die Kunst eine Stätte sorgsamer Pflege. Wir erwähnen namentlich der Chorfrau M. Katharina, aus dem adeligen Geschlechte der Kreitmair in München, einer ausgezeichneten Miniatur-Malerin, die nicht nur in Deutschland, sondern selbst in Rom bei Papst Clemens XI. und vielen Künstlern in hohen Ehren stand. Auch die Abtissin M. Candida Schmid (1745—1758) war in dieser Beziehung berühmt. Leider ist aber von ihren kunstvollen Schöpfungen fast nichts mehr vorhanden. Nur die Pfarrkirche bewahrt noch Einiges hievon, z. B. mehrere Pyramiden zur Zierde des Choraltars und einige Pallen zum Meßkelche. Die Gemälde in den Pyramiden sind Werke der Schwester M. Katharina Kreitmair. Sie hatte es sich zur Aufgabe gemacht, jährlich ein Gemälde für die Altarzierde und eines als Geschenk für den heiligen Vater zu fertigen, was sie auch in den Jahren 1670—1698 getreulich vollführte.

Von den vielen feinen Arbeiten, als Spitzen, Stickereien verschiedener Art, Faßarbeiten und Aehnlichem, sind gleichfalls nur noch wenige kleine Reste im Kloster vorhanden. Immerhin aber sind sie ein Beweis dafür, welch' künstlerisch geübte Hände in diesem Kloster einst thätig waren, und daß man es nicht versäumte, mit Gebet und Betrachtung auch die Arbeit zu verbinden, und so in beständiger, geistiger und körperlicher, Thätigkeit den Weg der Vollkommenheit zu wandeln.

Zur Pflege des Gesanges waren die Ordensmitglieder schon dadurch angewiesen, daß sie das ganze Offizium nach dem im Orden herkömmlichen, eigenthümlichen und sehr schwierigen Choral zu singen verpflichtet waren. Welche Schwierigkeiten bei diesem Choralgesange zu überwinden sind, das mögen Kenner bei Einsichtnahme des erst im Jahre 1860 auf Kosten des Ordens bei Pustet in Regensburg gedruckten Choralbuches beurtheilen.

Angezogen von dem guten Rufe und der schönen klösterlichen Disciplin, die in diesem Hause blühte, suchten viele Jungfrauen, besonders auch Töchter angesehener Familien aus München, um Aufnahme nach, um hier in klösterlicher Verborgenheit ein Leben der Vollkommenheit zu führen.

Unter anderen hochgebornen Jungfrauen, welche dieses Kloster zierten, nennen wir nur drei Töchter aus dem Patrizier-Geschlechte der Abelzreiter, welche alle Güter und Reize der Welt verließen, und in klösterlicher Stille nicht so fast durch ihre Abkunft, als durch ihre Tugenden hervorleuchteten. Nicht minder strahlte in ausgezeichnetem Tugendglanze M. Barbara Ramböck, Tochter eines Reichskanzlers von München, welche in dem jugendlichen Alter von 18 Jahren der Welt entsagte, und volle 60 Jahre als eifrige Dienerin Gottes in diesem Hause verlebte.

Ueberhaupt zählte das Kloster zu allen Zeiten ausgezeichnete Mitglieder, wie im Frauen- so auch im Herren-Convente. Schon in den ersten Jahrzehnten seines Bestehens beherbergte das Herrenkloster durch wissenschaftliche Bildung hervorragende Männer in seiner Mitte. Nicht minder besaß es in späterer Zeit stets Mitglieder, welche in der Schule der Frömmigkeit und Wissenschaft gleiche Erfahrung hatten, und die durch ihr frommes Walten und Wirken zugleich das geistliche Leben der Nonnen beseelten.

Als herrliche Leuchte dieser Art strahlt uns entgegen P. Simon Hörmann, ein wahrer Eiferer für die Ehre Gottes, eine Zierde des ganzen Ordens, und von Gott, wie durch Ueberlieferung bekannt ist, in außerordentlicher Weise begnabigt. Papst Clemens XI. war ihm mit besonderer Huld zugethan, Geistliche und Weltliche suchten allseits seinen Rath. In Folge dieses seines reich gesegneten Wirkens nach Innen und Außen, wurde er auch im Jahre 1669 zum Prior des Klosters erwählt, und später im Generalkapitel zu Köln 1675 zum General des ganzen Ordens erhoben, welches Amt er 26 Jahre mit Weisheit verwaltete. Er ließ die letzten Ordensbreviere drucken, arbeitete auch wissenschaftliche Werke aus, und war zum Wohle des Klosters unermüdet thätig, bis der Tod seinem reichen Wirken ein Ende machte den 20. Mai 1701.

Ihm folgte im Priorat P. Carl Schmidhammer (1701—1724), mit 30 von 45 Stimmen zu diesem Amte erwählt. Er zeichnete sich eben so sehr durch gründliche Wissenschaft, als durch strengen, heiligen Lebenswandel aus. Er hatte seine Studien in Rom vollendet, daselbst viele Proben seiner Gelehrsamkeit abgelegt und in öffentlicher Disputation seine Promotions Thesen mit glänzendem Erfolge vertheidigt. Nachdem er sein erstes heiliges Meßopfer im Hause der heiligen Birgitta zu Rom in Gegenwart eines Cardinals gefeiert hatte, kehrte er nach Altomünster zurück. Die hohe Schule in Dillingen ertheilte ihm im kommenden Jahre den Grad eines Magisters, den er in der Folge als Lehrer der Philosophie und Theologie im Kloster mit Würde behauptete. Zum Prior erwählt, verwaltete er 23 Jahre lang in höchst schwieriger Zeitlage dieses Amt bis zu seinem seligen Hinscheiden 1724.

Sein Nachfolger wurde P. Jakob Scheck, der

beiden Rechte Doktor, welcher 15 Jahre das Amt eines Procurator generalis zu Rom, und 30 Jahre, 1724—1755, dahier das Priorat bekleidete. In dieser Stellung, der er mit Kraft und Weisheit vorstand, verband er das eifrigste Streben in Aufrechthaltung der klösterlichen Disciplin und genauer Beobachtung der Ordensregeln, wobei er mit heroischer Geduld die größten von Innen und Außen ihm zustoßenden Unbilden ertrug.

Auch der letzte Prior des Klosters, P. Mathäus Ludwig, welcher im Jahre 1808 in Altomünster starb, und die Reihe trefflicher Männer schließt, hatte eine ausgezeichnete Stelle eingenommen, indem er 47 Jahre lang als Sachwalter des ganzen Ordens in Rom wirkte und mit den hervorragendsten Männern beim heiligen Stuhle in Verbindung stand. Nach seiner Rückkehr in das Kloster Maria-Altomünster wurde er im Jahre 1796 zum Prior erwählt. Dem heiligen Vater Papst Pius VI. war er besonders werth und wurde darum auch von demselben bei Gelegenheit seiner Reise an die katholischen Höfe Deutschlands auf der Haltstation Schwabhausen vor dem ganzen Volke besonders huldvoll ausgezeichnet.

Neben diesen ragten noch viele andere Mitglieder dieses Klosters hervor durch regen Eifer und außerordentliche Thätigkeit, gründliche Wissenschaft und ausgezeichnete Frömmigkeit. Die Vorstände waren stets beflissen, den jüngeren Religiosen in den Ordenshäusern zu Rom und Köln Gelegenheit zu weiterer wissenschaftlicher Ausbildung zu verschaffen*) Der Mönche segensreiches Wirken erstreckte sich weit in der Gegend umher, und die Ordensbrüder standen sowohl bei dem Volke, als auch in den höheren und höchsten Kreisen des Landes in großem Ansehen.

Kurfürst Maximilian Emanuel drückte seine Hochschätzung gegen dieses Kloster in einem eigenhändigen Schreiben an Papst Innocens XI. aus, indem er die Ordensmitglieder desselben schilderte als besonders ausgezeichnet wegen ihres Ordensgeistes und Seeleneifers, wegen genauer Beobachtung der Ordensregel und Heiligkeit des Wandels bei beständiger, strengster Einhaltung der Klausur, so daß sie bei den Bewohnern des Bayerlandes in bestem Rufe stehen und des allgemeinen Lobes sich erfreuen. Auch seine Vorfahren hätten diesen Orden von jeher besonders hoch in Ehren gehalten und mit Gnaden und Privilegien begabt.**)

---

*) Es war einst eine löbliche Sitte der Birgitten-Klöster, alljährlich in Gegenwart zahlreicher Gäste, besonders aus benachbarten Klöstern, den wissenschaftlichen Kampfplatz zu eröffnen, und junge Gelehrte in die Arena treten zu sehen. Die Birgitten-Klöster scheuten dabei keine Kosten. Man verzierte die aufgestellten Thesen, welche oft in der Form von großen Bildern erschienen, mit den zierlichsten Kupfern.

**) In dem Schreiben heißt es wörtlich: „Tum ob Religionis Christianae animarumque zelum, tum ob strictissimam regularis disciplinae observantiam vitaeque sanctimoniam in perpetuis usque distinctissimis clausuris optima cum fama, insigni subditorum praeconio et solatio

Eben dieser Fürst, sowie noch andere Glieder des bayerischen Regentenhauses waren es, welche in huldvoller Gewogenheit sich persönlich beim heiligen Stuhle um die Angelegenheiten unseres Klosters annahmen, und eigenhändig Briefe an Cardinal Albano schrieben, um es durchzusetzen, daß das Haus, in welchem die heilige Birgitta während ihres Aufenthaltes in Rom gewohnt, für den Orden wieder erworben würde.

Einige Jahre nach dem Tode der heiligen Birgitta, im Jahre 1383, war dieses Haus in den Besitz des Mutterklosters Wadsten gekommen, dem es die Eigenthümerin desselben, eine edle Römerin Namens Franziska Papazui, aus Dankbarkeit für empfangene Wohlthaten als Geschenk vermacht hatte. Nach Beschluß des Generalkapitels zu Wadsten im Jahre 1429 kamen einige Patres zur Besetzung desselben nach Rom, und blieben auch in dessen Besitz bis zum Jahre 1580.

Als aber bei der Reformation in Schweden das Kloster Wadsten zerstört wurde, kam auch dieses Besitzthum in fremde Hände. Zwar hatten die Köln'schen Birgittenklöster oftmals sich bemüht, dasselbe ihrem Orden wieder zu erwerben, allein vergebens. Da übernahm es im Jahre 1692 P. Simon Hörmann, Prior des hiesigen Klosters und General des ganzen Ordens, die geeigneten Schritte zu thun, und so

---

vivunt. Majoris mei speciali semper benevolentia et favore hunc sacratissimum a Christo Domino revelatum Ordinem St. Birgittae sunt prosecuti.

wurde denn besonders durch Vermittlung des Kurfürsten Maximilian Emanuel das Haus der heiligen Birgitta wieder vom Orden erworben und von Patres aus dem Kloster Altomünster besetzt bis zur Säcularisation im Jahre 1803.

Ueber den gegenwärtigen Zustand des Hauses der hl. Birgitta gibt uns Dr. Sighart nach seiner Rückkehr von Rom im Jahre 1864 folgende Notizen: „Am 8. Oktober, dem Feste der hl. Birgitta, gingen wir auf einem Spaziergange hin zum Campo di fiori (Blumenmarkt), der in der Nähe der Tiber liegt. An einer Ecke des schönen Platzes befindet sich die Kirche der hl. Birgitta und nebenan ein kleines Collegium, einst ein Hospiz der Ordensgeistlichen der hl. Birgitta und Pilgerhaus für Schweden, jetzt von Franzosen besetzt, die dort auch drei Priester halten. Die ganze Façade und das Innere der Kirche war mit Kränzen geschmückt. Das Collegium und das Zimmer der Heiligen, welches sie während ihres vieljährigen Aufenthaltes in Rom bewohnte, stand Jedermann offen. Die Kirche, aus dem 16. Jahrhundert, ist nicht groß, aber rein und elegant, mit einem Hauptaltar und etwa 8 Nebenaltären in Nischen. Links ist auf einem Altare ein ziemlich großes Crucifix, welches der Heiligen Offenbarungen ertheilte; ebenso ist am Altare die schwarze, steinerne Tischplatte, auf welcher sie ihre Revelationes geschrieben hat. Von da gingen wir über die Treppe rechts ins Collegium und kamen zur Hauskapelle der hl. Birgitta, welche ringsum mit Gemälden aus dem Leben der Heiligen geschmückt ist; in der Mitte des Altares überreicht Jesus der hl. Birgitta die Ordensregel. An den Wänden befinden sich Gemälde aus dem 17. Jahrhundert. Nebenan ist das Zimmer, das die hl Birgitta und ihre Tochter, die hl. Katharina, bewohnten, ganz von Holz, mit einfachem Holzplafond, ohne alle Zierde. Dem später angelegten Altärchen sind viele Reliquien der hl. Birgitta in schöner Fassung eingelegt. Die Zelle macht einen sehr ärmlichen, aber heimischen Eindruck."

7. Kapitel.

Ein großes Fest. Das neue Gotteshaus.

Nahe an tausend Jahre waren seit der Gründung dieses Gotteshauses durch den hl. Alto vorübergegangen, und mancherlei Stürme und Ungewitter hatten während dieses langen Zeitraumes in tosender Wuth darüber hingebraust, ohne es zu vernichten. Mit Freuden und Frohlocken gingen daher die dankbaren Kloster- und Marktbewohner, die darin die Hand der göttlichen Vorsehung erkannten, an ein Fest, welches ihren gerechten Jubel darüber aller Welt kund thun sollte.

Diese Feier des tausendjährigen Jubiläums wurde in aller Festlichkeit am 26. August des Jahres 1730 begonnen, und bis zum 3. September fortgesetzt. Schon am 15. August hatte ein Breve Sr. Heiligkeit Benedikts XIII. allen denen, welche die Kloster- und Pfarrkirche zu Altomünster besuchten und die gewöhnlichen Ablaßgebete nach verrichteter hl. Beicht und Kommunion beteten, einen vollkommenen Ablaß verkündet. Das ganze Gotteshaus und der zunächst daran befindliche St. Alto-Brunnen wurden mit Malereien, Symbolen und Laubbäumen aufs sinnreichste geschmückt, am Eingang der Kirche, an den Klosterpforten und im Markte mehrere Triumphbögen errichtet. In der Nähe des St. Altoforstes wurde ein großes Zelt aufgerichtet, und unter demselben auf einem Altare die Reliquien des heiligen Alto aufgestellt.

Dahin zog nun am Vorabend des Festes die ganze Marktgemeinde in feierlicher Prozession, welcher auch der hochw. Abt von Scheyern, **Maximilian Rest**, und der hochw. Domkapitular von Augsburg und Stadtpfarrer zu Friedberg, Baron von **Egger**, beiwohnten.

Nachdem die Prozession am bestimmten Orte angelangt war, wurde von geeigneten Personen vorgestellt, wie der hl. Alto, aus fernem Lande kommend, von den hl. Blutzeugen, **Maximinian, Alexander, Merkuria, Fortunat** und **Viktoria**, deren hl. Leiber im Gotteshause des hl. Alto ruhen, gleich einem Freunde empfangen wird*). Hierauf bewegte sich die Prozession, in deren Mitte die Reliquien des

---

*) Die hl. Reliquien der hl. Martyrer Maximinian und Alexander besitzt das Gotteshaus dahier seit 12. Sept. 1688, die der hl. Martyrer Merkuria, Fortunat und Viktoria seit 12. Sept. 1694. Während des Jubiläums wurden die Reliquien des hl. Sebastian und der hl. Martha feierlich eingeführt. Der Leib der hl. Clementia ward am 23. Sept. 1625 bereits in das Frauenkloster übersetzt.

hl. Alto getragen wurden, zurück in die Kirche, wo im oberen Chor die erwähnte Vorstellung wiederholt wurde. Eine unter freudigem Trompeten- und Paukenschall gesungene Litanei endete die Feier des Vorabends.

In den folgenden acht Festtagen wurden täglich eine Festpredigt nebst feierlichem Hochamte gehalten, mehrmals feierliche Prozessionen durch die Straßen des Marktes veranstaltet, zweimal auf offenem Felde auf einer eigens hiezu errichteten Bühne das Leben des hl. Alto aufgeführt. Verfasser dieses religiösen Schauspieles war P. Reginald Sertori, Conventual des hiesigen Klosters; in Musik ward dasselbe gesetzt von Joseph Fritz von Blumthal.

Zahlreich war die Betheiligung der Gläubigen an dieser Feier. Bei 40 Pfarrgemeinden der Umgegend, von denen viele mehrere Stunden entfernt sind, kamen mit ihrer Geistlichkeit an der Spitze an den verschiedenen Tagen des Festes in Prozessionen nach Altomünster gezogen, um der Feier anzuwohnen. — Nach dem Berichte des P. Jakob Scheck, der das ganze Fest beschrieben, empfingen während der Jubiläumsoctave über 35,000 Personen die hl. Sakramente. Die meisten herumliegenden Herrschaften und kurfürstlichen Beamten befleißen sich zur Ehre Gottes und zur Erbauung des versammelten Volkes der eifrigsten Theilnahme an dieser seltenen Festfeier. Den Schluß des Festes bildete eine feierliche Prozession durch sämmtliche Straßen des Marktes, unter Mittragung der Reliquien des hl. Alto, nebst feierlichem „Te Deum" nach der Rückkehr in die Kirche.

Während dieses großartigen Jubiläums wurde im Frauenkloster noch eine andere Jubelfeier gehalten. Am 30. August legten nämlich die Abtissin M. Rosa Kögl und die Conventualin M. Febronia Hamberger ihre zweite Profeß in die Hände des Priors P. Scheck ab.

Die ehrwürdige M. Rosa stand dem Kloster noch vor bis zum Jahre 1745. In ihre Verwaltungsperiode fällt noch die Erneuerung des Dismas- oder Kalvarienberges, welcher im Jahre 1694 errichtet worden war, sowie die Erbauung der Loretto- oder Gottesacker-Kapelle (im Jahre 1737), welche ein Jahr darauf mit dem Bildnisse unserer L. Frau von Loretto geziert, und womit zugleich die Errichtung der Armenseelen-Bruderschaft daselbst verbunden wurde.

Doch wie im menschlichen Leben nach Gottes weiser Fügung immer Freud und Leid an einander gekettet sind, so fehlte es auch in dieser Zeit nicht an Trübsalen. Im Jahre 1740 brach nämlich der österreichische Erbfolgekrieg aus, und Bayern wurde von den Oesterreichern besetzt bis auf Ingolstadt, Straubing und Landshut im Jahre 1742; der Kurfürst Karl Albrecht (als Kaiser Karl VII.) mußte aus seinem Lande fliehen, welches nun von nie gesehenen Horden der Panduren, Croaten, Tolpatschen, Heiducken und anderen wilden Haufen überschwemmt wurde. Schon am 19. Februar ds. Jahres rückten die Feinde auch in Altomünster ein, und führten am folgenden Tage den Prior P. Jakob Scheck und den Bürgermeister als Geißeln mit sich nach Friedberg.

Diese Kriegs-Drangsale beugten die hochbetagte und augenkranke Abtissin Rosa tief und brachten sie zu dem Entschlusse, das Ruder der Verwaltung in kräftigere Hände zu legen. Nach ihrem Rücktritte lebte sie noch neun Jahre, und starb reich an Jahren und Verdiensten am 11. März 1754 (in einem Alter von 95 Jahren). Ihr folgte schon im nächsten Jahre, am 13. Januar 1755, in die Gruft nach der würdige Vater und Prior des Klostes P. Jakob Scheck, durch dessen Ableben dasselbe einen großen Verlust erlitt. Er zeichnete sich nicht nur als ein verständiger, kluger Vorstand, sondern auch als Schriftsteller aus. Er verfaßte eine Beschreibung der tausendjährigen Jubelfeier vom Jahre 1730 in lateinischer Sprache unter dem Titel: „Maria Altomünster, sive Templum et Monasterium S. Altonis in Bavaria superiore, ab ordine SS. Salvatoris, vulgo S. Birgittae, in Millesimo per octiduanam solemnitatem renovatum, et in synopsi exhibitum". (8° Frisingae 1730). Ferner gab er die Jubiläumspredigten mit einer deutschen Beschreibung der Vorgänge bei dieser Jubelfeier heraus, dann die „Synopsis saecularis oder kurze Erläuterung der Mißverständniß zwischen dem Kloster Maria-Altomünster und dem Markt allda 2c." Endlich hinterließ er eine kleine Klosterchronik von Altomünster, welche bis zum Jahre 1699 reicht.

Die Leiden, welche der Krieg über das Land und auch über unser Kloster gebracht, hatte der im Jahre 1745 wiederkehrende Friede bald wieder geheilt, und seine Segnungen führten wieder zu neuen

Unternehmungen. Das wichtigste Unternehmen aus dieser Zeit ist die Erbauung der gegenwärtigen Pfarr=kirche. Seit mehr als tausend Jahren war die alte Klosterkirche des heiligen Alto gestanden, und viele Generationen hatten darin ihre Gebete dem Herrn dargebracht; viele Stürme der Zeit waren über sie hinweggegangen, ohne sie zu zerstören. Jetzt mußte der altehrwürdige Bau einem neuen, der modernen Kunstrichtung entsprechenden Baue weichen, wozu am 7. Juni 1763 der erste Stein gelegt wurde.*) Dieses neue Gotteshaus, das während der Verwaltungs=periode der Abtissin Viktoria Huber, unter der Leitung des P. Simon Böck in einem Zeitraum von zehn Jahren vollendet wurde, hat das Eigen=thümliche, daß es, vielleicht ganz allein von allen Kirchen des Birgitten=Ordens, ganz nach den Regeln gebaut ist, welche die hl. Birgitta für die Kirchen ihres Ordens vorgeschrieben hat. Am 29. Februar 1773 wurde die neue Kirche von dem Weihbischofe Ernst Grafen von Herberstein eingeweiht. — Die Kosten des Baues, welche mehr als 43,000 fl. betrugen, wurden theils durch eigene Mittel des Klosters, theils durch Schankungen, vorzüglich aber durch die bedeutenden seit längerer Zeit dazu be=stimmten Aussteuer=Güter der hiesigen Nonnen und Mönche gedeckt.

---

*) Eine Abbildung dieser alten Kirche findet sich in Ertl's Churb. Atlas II. Theil S. 133, und in Wenning's Topographie der 4 Rentämter von Bayern I. Bd. Kupferblatt 43.

Den Bau führte Joh. Mich. Fischer, und nach dessen Tod 1766 Balthasar Trischberger von München. Die Fresko-Malerei ist von Jos. Magges aus Augsburg,*) die Stuckaturarbeit von Jak. Rauch; Altäre und Statuen sind von Joh. Straub, Hofbildhauer in München, die Altarblätter und übrigen Gemälde von Baldauf in Inkofen, Zitter in München und Magges von Augsburg. Alle Schlosser-, Schreiner- und Schnitzarbeiten wurden von den Laienbrüdern des Klosters selbst mit großem Fleiße verfertigt.

Lange war es der würdigen Abtissin M. Viktoria, sowie dem Prior P. Simon Böck gegönnt, die Schönheit des neuen Baues zu schauen, was sie gewiß für alle Mühen und Sorgen hinlänglich belohnte.

Erstere starb nach einer 32jährigen sorgsamen Verwaltung des Klosters den 29. Januar 1790, letzterer am 6. April 1796 in einem Alter von 83 Jahren. Ihm, sowie dem P. Ign. Magnus Nerb später bis 1835 Pfarrer in Altomünster, verdankte

---

*) Das Fresko-Gemälde im Rundgewölbe über dem großen Achtecke der Kirche zeigt die Geschichte des Klosters. — Die Hauptdarstellung ist die Uebergabe desselben an den Orden der hl. Birgitta durch Herzog Georg den Reichen. Ihm zur Seite befindet sich seine Gemahlin Hedwig; rückwärts Graf und Gräfin Sandizell, mit den Abzeichen des Ordens; der Graf mit dem Ordensmantel am Arme, die Gräfin mit der weißleinenen Krone in den Händen.

das Kloster im Jahre 1780 auch die Einführung der Figuralmusik.*)

8. Kapitel.

Der letzte Sturm. Der geknickte Baum.

Auf M. Viktoria Huber folgte als Abtissin M. Josepha Magg, und als diese schon im nächsten Jahre aus dem Leben schied, M. Generosa Hibler. An die Stelle des P. Simon Böck ward zum Prior erwählt P. Mathäus Ludwig. Ihnen war es von der Vorsehung vorbehalten, Zeugen zu sein der letzten Stürme, welche über das Kloster hereinbrachen, und den mehr als tausendjährigen Wunderbaum des hl. Alto erschütterten, und dann vollends zerbrachen.

In der zweiten Hälfte des 18. Jahrhunderts hatte sich Alles vorbereitet zu gewaltsamen Umwälzungen in Kirche und Staat. Philosophen, Freimaurer und Illuminaten arbeiteten daran, Religion und Glauben aus den Herzen des Volkes zu reißen, um mit dessen Hilfe dann Thron und Altar zu zertrümmern. In Frankreich brach der Sturm zuerst los. Die Güter der Kirche wurden geraubt, Geistliche, welche der Revolution den Eid verweigerten, verjagt, in die Verbannung geschickt, gemordet. Des Königs

---

*) Die gegenwärtige Orgel wurde bei Aufhebung des Klosters Tara um 600 fl. gekauft.

Haupt fiel auf dem Schaffote, alle Religion wurde abgeschafft und bei Todesstrafe verboten.

Solches Treiben mußte den übrigen Fürsten Europas die Augen öffnen; allein es war zu spät. Frankreich schritt zum Kampfe und trug schnell die Kriegsfackel nach Italien und Deutschland. Auch Bayern blieb vom Unheile nicht verschont. Nachdem in den Jahren 1792—1795 die Rheinlande bereits in die Gewalt der Franzosen gekommen waren, fielen die Feinde im Jahre 1796 auch in die Oberpfalz und in Altbayern ein. Nach einiger Unterbrechung begann der Kampf im Jahre 1799 auf's Neue, und im folgenden Jahre wurde Bayern wiederum von den feindlichen Truppen überschwemmt.

Von diesen schweren Drangsalen, welche das Land trafen, blieb auch das Kloster nicht verschont. In den Jahren 1796 und 1800 fielen die Feinde in Altomünster ein, und das Kloster erlitt durch Kriegssteuer, Brandsteuer, Quartier, Lieferungen ꝛc. einen Schaden von 30,000 fl.

Doch es sollte noch ein härterer Schlag erfolgen. Im Jahre 1801 kam mit Frankreich der Friede zu Luneville zu Stande, demgemäß das deutsche linke Rheinufer an Frankreich abgetreten werden mußte.

Den deutschen Fürsten sollte ihr Verlurst durch Reichsstädte und durch Säkularisation der Fürstbisthümer, Stifte und Klöster ersetzt werden. — Nachdem man in Bayern schon im Jahre 1802 die Medikanten-Klöster aufgehoben hatte, ward am 18. März und 5. August 1803 zur Säkularisation der noch bestehenden geistlichen Stifte und Klöster geschritten. Damit war auch über Maria-Altomünster das Loos der Aufhebung gefallen; die Klostergüter wurden eingezogen, und die Ordensmitglieder mit 1 fl. täglich in den Pensionsstand versetzt. Die Aussicht auf den leichten Erwerb der ansehnlichen Güter der Klöster in Verbindung mit Vorurtheilen gegen diese kirchlichen Anstalten verdrängte jede andere Rücksicht und jede Erwägung dessen, was die Klöster dem Lande waren, und was sie ihm noch sein und werden könnten. Von den Kunstschätzen, Bibliotheken, Archiven und wissenschaftlichen Sammlungen wurde zwar Manches der Akademie der Wissenschaften, der Hof- und Staatsbibliothek, der Gemäldegallerie in München, der Landesuniversität und einzelnen Lehranstalten zugewendet; allein es gingen dabei viele unersetzliche Werke der Wissenschaft und Kunst und manches Denkmal der Geschichte bei dem willkürlichen und oft barbarischen Verfahren einzelner Beamten zu Grunde. Für den Staat hatte die Einziehung der Klostergüter durchaus nicht das eingebracht, was man gehofft hatte.

Auch in Altomünster wurde, wie fast überall das Eigenthum des Klosters versteigert.

Die veräußerten Häuser und Gründe bestanden:
a) In verschiedenen Wohnhäusern außerhalb und innerhalb des Klosterbezirkes, sammt Bräuhaus, Schlosserei 2c.
b) In 283 Tagwerken Aecker und 122 Tagwerken guter Wiesgründe.

c) In 8 Fischteichen, welche zusammen fast 38 Tagwerke betrugen.

Außer diesen Grundstücken wurde alles Hornvieh nebst Pferden, alles Baumannsgeschirr, Wägen, und Alles zum Feldbau gehöriges Geräthe der öffentlichen Versteigerung unterworfen.

Zu den Grundstücken gehörte noch der St. Altoforst, d. h. jener Wald, welchen Pipin der Kleine dem hl. Alto geschenkt hatte, und der seither fortwährend Eigenthum des Klosters gewesen und wovon die Marktgemeinde und andere Berechtigte jährlich eine bestimmte Holzabgabe bezogen. — Noch vor erfolgter Säkularisation hatte das Kloster jedem Holzberechtigten für die Klafter Jahrholz 1¼ Juchart Holzgrund als Eigenthum überlassen. Bei Abzug dieser Holzgründe, die über 600 Tagwerk betrugen, verblieben dem hiesigen Kloster noch 549 Juchart im oberen Theile des St. Altoforstes und dem sogenannten Geisberg, welche nach der Säkularisation, im Jahre 1806, als Staatswaldung dem Revier Indersdorf, Forstamts Fürstenfeldbruck, Landgerichts Aichach und Rentamts Dachau zugetheilt wurden.

Auch das Herrenkloster wurde der öffentlichen Versteigerung unterworfen, und von einem Handelsmann gekauft. Ein gleiches Schicksal drohte auch dem Frauenkloster. Da sich aber dasselbe seiner unbequemen Lage und alten Bauart wegen weder zu einem Geschäftshause noch zu einem anderen Zwecke gut verwenden ließ, so fanden sich keine Käufer ein. Deßhalb ward den Frauen, welche freiwillig bleiben

wollten, gestattet, auch fernerhin darin zu wohnen
und ihre Pension da zu verzehren. Dafür mußten
sie aber ihre Wohnung mit Mitgliedern anderer
Orden, als Karmeliterinen und Paulanerinen, theilen,
die ein gleiches Schicksal getroffen und deren Klöster
verkauft worden waren.

Der Frauen-Convent zählte bei seiner Auflösung
29 Chorfrauen und 10 Laienschwestern, der Herren-
Convent 9 Priester und 4 Laienbrüder. Einige von
ihnen traten in die Welt zurück und wirkten in der
Seelsorge, die Anderen kauften sich von der Regierung
ein neben dem Kloster befindliches Haus, das auch
früher Eigenthum des Klosters gewesen, und ver-
lebten da ihre Tage in stiller Zurückgezogenheit.

III. Zeitraum.
Altomünster ein Birgittinen-Kloster.

9. Kapitel.
Nach dem Sturme.

Der Sturm der Säkularisation, welcher so viele herrliche Stiftungen unserer frommen Voreltern für immer zum Opfer fielen, hatte den mehr als tausendjährigen Wunderbaum des hl. Alto wohl zu Boden geworfen, aber doch nicht alles Lebens beraubt. Die Vorsehung wollte nicht, daß die Pflanzung dieses großen Dieners Gottes verdorre; vielmehr sollte sie bald wieder zu neuem Leben erstehen und zu des Allerhöchsten Ehre blühen und Frucht bringen.

Wie schon bemerkt, hatte man für das Frauen-Kloster keinen Käufer gefunden, weßhalb es als sogenanntes Centralkloster fortbestehen durfte. So war es den Frauen gestattet, mit ihrer Pension gemeinschaftlich unter einer Oberin ihr klösterliches Leben fortzusetzen, mußten aber Nonnen aus anderen Orden in ihr Kloster aufnehmen.

Mit der Auflösung des Klosters war es den Mitgliedern desselben zugleich gestattet, aus dem Orden zu treten und in der Welt ihre Pension zu verzehren. Aber nur 3 Chorfrauen und 1 Laienschwester traten aus, und von diesen kehrte 1 Chorfrau nach 20 Jahren wiederum ins Kloster zurück. Die Uebrigen lebten wie zuvor, ihrem hl. Berufe getreu, in stiller Zurückgezogenheit dem Gebete und der Betrachtung unter der würdigen Abtissin M. Generosa, welche nach der traurigen Katastrophe noch 20 Jahre lang ihren treugebliebenen Töchtern eine zärtlich liebende Mutter war und als ein vollkommenes Muster aller Tugenden vorleuchtete. Die geistliche Leitung des Klosters behielt der Prior P. Mathäus Ludwig bis zu seinem seligen Hinscheiden am 25. Juni 1808. Er hatte 55 Jahre mit dem größten Eifer im Orden gewirkt und ein Alter von 83 Jahren erreicht. Nachdem das hochw. Ordinariat unter'm 5. Nov. 1806 die Bewilligung ertheilt hatte, daß im Frauen-Chor das Sanctissimum aufbewahrt werde, erhielt der Beichtvater, Prior P. Mathäus Ludwig, am 12. Dez. 1807 auch die Erlaubniß, im Frauen-Chor täglich mit Ausnahme der höhern Kirchenfeste die hl. Messe zu feiern. Auf seine Bitten hin durfte, wie es schon seit 1801 geschah, auch künftighin an allen Sonn- und Festtagen in der Kapelle des Krankenzimmers das hl. Meßopfer dargebracht werden.

Nach dem Tode des letzten Priors übernahm die Stelle eines geistlichen Vaters der Klosterfrauen

P. Andreas Westhof, aber leider nur auf kurze Zeit, indem er am 24. Mai 1811 auf einer Reise verunglückte. Er erreichte das Alter von blos 44 Jahren; 7 Jahre hatte er zu Rom im Hause der hl. Birgitta verlebt, und war stets das Muster eines eifrigen Ordensmannes gewesen.

Nach diesem schmerzlichen Verluste wurde P. Petrus Lindner zum Beichtvater erwählt. Nachdem derselbe früher als Pfarrvikar großen Eifer in der Seelsorge entwickelt hatte, entfaltete er nun in seiner neuen Stellung die regste Thätigkeit und wirkte 15 Jahre zu großem Segen der seiner Leitung anvertrauten Seelen. Es war am 24. Dez. 1826, als dieser würdige Vater an den Stufen des Altars, den er eben zur Feier des hl. Opfers besteigen wollte, vom Schlage gerührt zu Boden sank und verschied in einem Alter von 74 Jahren.

Bei der Säkularisation war die Pfarrei, welche bisher die Patres versehen hatten, an Weltpriester übergegangen. Als Pfarrhof wurde der bisherige Bischofshof bestimmt und dazu auch die Hälfte vom Garten des Frauenklosters, der ganze an den nunmehrigen Pfarrhof stoßende Theil gegeben. Zum ersten Pfarrer wurde ernannt Ignaz Nerb. Derselbe war früher Mitglied des Herren-Conventes gewesen, aber schon vor der Auflösung des Klosters ausgetreten. Darum empfing ihn jetzt die Abtissin M. Generosa mit den Worten: „Ei, ei! oftmals habe ich geseufzt, wo wird denn mein verlornes Schäflein sein? — und jetzt kehrt es als Hirte zurück!" —

Nachdem nun der bisherige Beichtvater P. Petrus Lindner am Vorabend des hl. Weihnachtsfestes 1826 aus dem Leben geschieden war, wurde durch oberhirtliches Decret vom 20. Jänner 1827 Pfarrer Nerb zum Beichtvater ernannt. Im Jahre 1835 resignirte Nerb die Pfarrei und übernahm das Rißl'sche Benefizium in Altomünster, behielt aber die Beichtvaterstelle noch fort bis zum Jahre 1841.

Unter ihm wurde im Jahre 1830 vom 10. bis 18. Juli das eilfhundertjährige Jubiläum gefeiert. Zur Eröffnung dieser erhabenen Feier traf der hochwürdigste Weihbischof und Bischof von Birtha i. p. Franz Ignaz von Streber hier ein. Zu seinem Empfange waren von der Pfarrgränze bei Unterzeidlbach bis zum Markte mehrere Triumphpforten errichtet. Kirche und Markt prangten im schönsten Festschmucke. Während der ganzen Jubeloctave wurde täglich eine Festpredigt nebst feierlichem Hochamte gehalten. Zahlreich betheiligte sich das Volk der Umgegend an der hohen Feier; bei 22,000 Gläubige empfingen die hl. Sakramente. Das ganze Fest verlief in der schönsten Ordnung.

Immer waren die noch übrigen Ordensmitglieder darauf bedacht, mit dem, was sie sich von ihrer jährlichen Pension ersparten, Gutes zu stiften. Während sie für sich selbst wenig bedurften, verwendeten sie viel zur Ausschmückung der Kirchen, zur Linderung der Noth der Armen und Kranken, und zur Unterstützung armer Studirender; und noch heute verdanken manche Priester die Erreichung ihres Berufes den

Wohlthaten der Klosterfrauen. Besonders entfaltete sich ihr Wohlthätigkeitssinn bei der großen Hungersnoth und Theuerung in den Jahren 1816 und 1817. Eine Laienschwester, M. Thekla Wallner, entzog sich aus Liebe zu den Armen selbst die nöthigen Lebensbedürfnisse und starb in Folge von Nervenentkräftung im Jahre 1818.

Die würdige Abtissin M. Generosa hatte bereits 28 Jahre durch viele und große Stürme hindurch das Ruder geführt, stets mütterlich besorgt für ihre Mitschwestern. Da ward sie im Jahre 1819 von einem Schlagflusse berührt. Hiedurch 4 Jahre lang an das Krankenbett gefesselt, hegte sie kein anderes Verlangen mehr, als aufgelöst zu werden und bei ihrem himmlischen Bräutigam zu sein. Am 21. Juni 1822 wurde ihre Sehnsucht gestillt; sie ward von den Mühen und Leiden dieses Erdenlebens aufgenommen in eine bessere Welt, und schloß so die Reihe der Abtissinen als die ein und zwanzigste seit der Errichtung des Birgitten-Ordens im Kloster Maria-Altomünster. Nach dem Ableben der letzten Abtissin wurde vom erzbischöflichen Ordinariat die canonische Wahl einer Oberin auf je drei Jahre angeordnet.

10. Kapitel.

Ein Sonnenstrahl. Neues Leben.

Seit dem verhängnißvollen Jahre der Säkularisation waren nun schon 35 Jahre der Trauer und des Schmerzes für die guten Frauen verflossen, und mit jedem Tage wurde ihre Sehnsucht und ihr Verlangen nach Wiederaufblühung ihres Klosters größer. Da kam ihnen im Jahre 1838 die sichere Nachricht zu, daß es der Wunsch Seiner Majestät des Königs sei, in Bayern auch ein Kloster vom beschaulichen Orden zu besitzen. Das war ein Sonnenstrahl für die umdüsterten Aussichten unserer Frauen. Neu auflebend und von frischem Muthe beseelt, wagten sie es, eine Bittschrift an Seine Majestät einzusenden, worin sie die angegebenen Gründe rechtfertigten und auch die erforderliche Dotation nachwiesen. Vertrauend auf die Eingenommenheit des Ministers v. Abel und anderer hochgestellten Personen für ihre Sache, gaben sie sich der freudigsten Erwartung einer allergnädigsten Bittgewährung hin.

Aber eine finstere Wolke trübte bald wieder diese freudige Aussicht und schien selbst jeden Hoffnungsstrahl zu verscheuchen. Die armen Schulschwestern hatten die Absicht, von Neunburg vor'm Wald aus in der Erzdiözese München-Freising ein Mutterkloster zu gründen. Erzbischof Lothar Anselm, der für dieselben besondere Vorliebe zeigte, wies sie an das Kloster Altomünster, um da ihr Mutterhaus zu errichten. Dadurch schien alle Hoffnung auf Wiederauflebung des Ordens der hl. Birgitta zu entschwinden, und mit dem Hinscheiden der Frauen sollte auch ihr Orden in Maria-Altomünster zu Grabe getragen werden.

Um dieses zu verhindern, wollten die ehrwürdigen

Frauen Alles, selbst das Aeußerste wagen und sich zur Uebernahme der Mädchenschule herbeilassen. Allein das Ordinariat machte neue Schwierigkeiten und auch die hiesige Marktgemeinde bewarb sich in einer Eingabe an das Ordinariat um Aufnahme der Schulschwestern mit dem Versprechen, alle nöthigen Gebäulichkeiten auf eigene Kosten für dieselben herstellen zu wollen. So von allen Seiten bedrängt leuchtete den armen Frauen nirgends mehr ein Hoffnungsstrahl entgegen. Doch — wenn die Noth am größten ist, da ist Hilfe am nächsten.

Gegen Ende des Jahres 1838 kamen Erzbischof Lothar Anselm und Domdechant von Oettl mit der ehrwürdigen Frau Generaloberin der armen Schulschwestern M. Theresia à Jesu Gerhardinger nach Altomünster, um das Kloster in Augenschein zu nehmen. Allein das alte Gebäude mit den schwarzen Mauern, sowie die kleinen unheizbaren Zellen entsprachen dem Wunsche der Frau Generaloberin durchaus nicht, sowie ihr auch der kleine Markt in so abgelegener Gegend zur Gründung eines Mutterhauses nicht geeignet erschien. Ein bedeutendes Gewicht legte in die Wagschale ihrer Entscheidung auch der kalte Empfang von Seite der armen Frauen, und insbesondere waren es die Worte der Oberin M. Rosa: „Also Sie sind es, die uns den Todesstoß versetzen wollen?" welche, die innige Anhänglichkeit an das Kloster, die zarte Pietät und Ordensliebe derselben so treffend bezeugend, einen so tiefen Eindruck auf sie machten, daß sie sogleich in tröstender Weise gegen die ehrwürdigen greisen Frauen sich äußerte und den festen Entschluß faßte, das Kloster Altomünster nicht als Mutterhaus anzunehmen. Auch die Marktgemeinde nahm das frühere Versprechen bezüglich der Herstellung der Gebäulichkeiten zurück, und im folgenden Jahre bekamen die armen Schulschwestern ein Mutterhaus in München; der Sturm war glücklich vorüber.

Jetzt wendeten sich die Frauen neuerdings mit einer Bittschrift an Seine Majestät den König. Minister v. **Abel**, der hochwürdigste Bischof von Passau, **Heinrich von Hofstätter**, Dr. **Windischmann**, Baron von **Kerz**, General von **Zandt** und Canonicus **Schwab** bewiesen sich als große Gönner des Klosters; besonders war Letzterer unablässig thätig für das Kloster. Mit unermüdlichem Eifer suchte er einerseits demselben gute Freunde zu gewinnen anderseits aber die guten Frauen in ihrer gedrückten Lage zu trösten und ihre Hoffnung und ihren Muth fest zu erhalten. Und wie ein Vorbote des nahenden Frühlings erschien noch im Dezember desselben Jahres die königliche Erlaubniß, das altehrwürdige Glockenzeichen zum Chorgebete wieder öffentlich zu geben. Wie nun auf Regen Sonnenschein, auf Leiden Freuden folgen, so sollte für die guten Frauen nach vielen Jahren von Trauer, Seufzen und Flehen endlich der Tag erscheinen, der ihre Trauer in Freude verwandelte, an dem ihre Sehnsucht und ihr Verlangen gestillt wurde. Aber nur vier Chorfrauen und einer Laienschwester ward es von der Vorsehung beschieden, diesen Tag der Freude zu schauen. Die Uebrigen waren bereits eingegangen zur ewigen Ruhe.

Es war der 17. Februar des Jahres 1841, an welchem das königliche Dekret erschien, daß das Kloster der Birgittinen in Altomünster fortbestehen und der Bestimmung erhalten bleiben solle, welcher dasselbe nach den Regeln seines Ordens zugewiesen ist. Jedoch wurde eine dreifache Bedingung gesetzt:

1) daß die Birgittinen keine Unterstützung von Seite des Aerars beanspruchen, sondern sich selbst zu halten vermögen;

2) daß ihnen das erzbischöfliche Ordinariat die Dispensation von dem primitiven Statut der Vereinigung mit einem Mannskloster vom päpstlichen Stuhle erwirke; und

3) daß, in so ferne sich kein Beichtvater vorfinden sollte, welcher eine Restauration des Ordens nach dem Geiste der Verfassung zu bewerkstelligen im Stande wäre, weiterer Antrag wegen Erholung einer Novizen-Meisterin Ord. St. Birg. vom Auslande zu führen sei.

Der letzte Punkt machte einige Schwierigkeit. Das Ordinariat that zwar bei einem Birgitten-Kloster in Holland die nöthigen Schritte zur Erlangung einer Novizenmeisterin. Allein wegen der Verschiedenheit der Sprache und des Chorgesanges und anderer Verhältnisse gab es schwer zu beseitigende Hindernisse, und die Sache zerschlug sich.

Nun suchte das Ordinariat einen zur Uebernahme der Beichtvaterstelle geeigneten Priester ausfindig zu machen. Die Wahl fiel auf Pr. J. Aichner, der die Stelle auch annahm unter der Bedingung, unabhängig vom Pfarrer zu sein. Ein neues Hinderniß gab es aber bezüglich der Sustentation des Beichtvaters. Das Kloster konnte nur Wohnung und Kost geben. Endlich kam man dahin überein, daß der neue Beichtvater zugleich Stelle und Gehalt eines II. Cooperators bekam. Damit war die Sache beigelegt.

Am 18. März 1842, dem Feste der sieben Schmerzen Mariä, fand die erste Einkleidungsfeierlichkeit statt, wobei zehn Candidatinen durch Dombechant von Oettl, nachmaligen Bischof von Eichstätt, in Anwesenheit vieler Priester und unter großem Zudrange des Volkes das Ordenskleid empfingen.

Die vier alten Chorfrauen erneuerten in sehr rührender Weise bei dieser Feier ihre Ordensgelübde, worauf die Clausur wiederum verschlossen blieb. Als Oberin wurde Frau M. Rosa Kraus neuerdings vom Ordinariate bestätigt, nachdem sie schon 5 Jahre vor der Restauration des Klosters dasselbe geleitet hatte.

Das Jahr 1843 verfloß unter vielen Schwierigkeiten und unter beständigem Harren auf die päpstliche Dispensations-Indulgenz. Die würdige Oberin M. Rosa, die Seele des neuauflebenden Ordens, fiel in eine schwere Krankheit; doch Gott schenkte den flehenden Kindern ihre Mutter wieder.

Endlich den 19. Juli 1844 kam die päpstliche Dispensation an, daß im Nonnenkloster Maria-Altomünster die Regel der hl. Birgitta ohne Verbindung mit einem Mönchskloster erlaubt und canonisch beobachtet werden dürfe.

Mit Freuden ging man nun nach erlangter erzbischöflicher Bewilligung an die Feier der Gelübdeablegung, wozu der 8. Oktober, als das Fest der hl. Mutter Birgitta, bestimmt wurde. Neun Novizinen legten an diesem Freudentage die Profeß ab in die Hände des erzbischöflichen Vertreters, Domdechants von Oettl. Zugleich fand die Einkleidung von vier Candidatinen statt. Die ganze Feier wurde noch erhöht durch die Anwesenheit eines hohen Gastes. Seine königliche Hoheit Herzog Max in Bayern befand sich eben auf der Jagd beim nahen Wittelsbach. Von dieser Feier Nachricht erhaltend kam Er ganz unerwartet hieher und wohnte dem feierlichen Akte bei, nicht ohne einen tiefen Eindruck mit fortzutragen.

Zwischen dem Beichtvater des Klosters und dem Pfarrer bestand stets eine gewiße Spannung, weil der Beichtvater zugleich die II. Cooperatorstelle inne hatte. Diese Schwierigkeit wurde nach dem Tode des Pfarres Heimfelner (im Jahre 1844) dadurch gehoben, daß das Ordinariat nun die Beichtvaterstelle mit der Pfarrei vereinigte. Herr Aichner trat demnach zurück und statt seiner übernahm (am 13. Nov. 1844) der neue Pfarrer Joh. Bapt. Fischer die Beichtvaterstelle. Dieser, in Sailer's Schule gebildet und vom besten Geiste beseelt, leitete, ohne die geringste Vergütung seiner Mühen und Beschwerden in Anspruch zu nehmen, zehn Jahre lang die geist=

lichen Angelegenheiten des Klosters mit großer Einsicht, Liebe und Aufopferung und war in Allem ein weiser und kluger Rathgeber.

Von den greisen pensionirten Frauen war Eine schon im Jahre 1843 und zwei im Jahre 1845 heimgegangen in eine bessere Welt. Nur die ehrwürdige Mutter M. Rosa war noch übrig. Allein auch sie war längst schon reif für den Himmel. Am 11. April 1848 nahte die Stunde, in der sie scheiden sollte von ihren lieben geistlichen Töchtern. Nach 63jährigen Leben und Wirken im Orden, in einem Alter von 80 Jahren ging sie ein in die ewige Ruhe, um die Krone für ihre Verdienste und Tugenden zu empfangen. An ihre Stelle trat als Oberin die ehrwürdige Frau M. Antonia Brindl.

Im Jahre 1848 am 4. Oktober starb noch ein großer Freund und Wohlthäter des Klosters, Herr Canonicus Schwab, welcher seit 20 Jahren unermüdet für dessen Wohl thätig gewesen und dasselbe zum Universalerben seines Vermögens eingesetzt.

Da die Klosterfrauen seit der Säcularisation wegen Mangels einer eigenen Gruft auf dem öffentlichen Gottesacker, wo sie seit 1834 eine eigene Begräbnißstätte besaßen, zur Erde bestattet werden mußten, so wurde im Jahre 1854 mit Genehmigung der kgl. Regierung und des erzbischöflichen Ordinariates eine eigene Klostergruft erbaut und im August desselben Jahres eingeweiht. Noch am Tage der Einweihung erhielt eine Chorschwester daselbst ihre Ruhestätte.

Im folgenden Jahre (1855) erlitt das Kloster einen herben Verlust durch den Tod seines würdigen Beichtvaters, Pfarrer Fischer, welcher nach längerem schmerzlichen Leiden am 27. Januar selig im Herrn verschied. An seiner Statt erhielt das Kloster als geistlichen Vater den neuernannten Pfarrer, Herrn Jakob Pröpstl.

Während der Erledigung der Pfarrei geschahen von Seite des Klosters und der Marktgemeinde Schritte, um die Wiederherstellung des Herrenklosters zu erwirken. Allein diese und auch später erfolgte Versuche führten nicht zu dem gewünschten Ziele; es blieb beim frommen Wunsche.

Da bei Vermehrung der Convents-Mitglieder auch vermehrte Leistungen des Beichtvaters nothwendig wurden, dieser aber als Pfarrer schon mit vielen Sorgen und Arbeiten überladen war, so stellte das Kloster im Einvernehmen mit Herrn Pfarrer und Beichtvater Pröpstl im Jahre 1857 beim erzbischöflichen Ordinariate die Bitte um Anweisung eines eigenen Beichtvaters. Allein wegen bestehender und nicht gehobener Differenzen blieb die Verhandlung ohne Resultat. Herr Pfarrer Pröpstl behielt demnach die Beichtvaterstelle, bis er, nicht ohne sich um das Kloster verdient gemacht zu haben, im Jahre 1860 seine Stelle resignirte.

Nach längerer Verwaisung der Pfarrei und des Klosters trat am 17. März 1861 der neuernannte Pfarrer und Beichtvater, der Hochwürdige Herr Augustin Reischl, seine Stelle an.

Schon mehrmals war dem Kloster seit seiner Wiederherstellung die Ehre des hohen Besuches seines Oberhirten zu Theil geworden. Ein solcher Besuch erfolgte wiederum am 23. Oktober 1861, an welchem Tage Seine Excellenz unser Hochwürdigster Herr Erzbischof Gregor in hiesiger Pfarrkirche das heilige Sakrament der Firmung spendete. Mit diesem Aufenthalte dahier verband Seine Excellenz zugleich die canonische Visitation des Klosters. Bei dieser Gelegenheit legte die ehrwürdige Oberin, Frau M. Antonia Brindl, die schwere Bürde ihres Amtes, das sie 13 Jahre lang zum Wohle des Klosters bekleidet hatte, nieder, worauf Seine Excellenz eine Neuwahl anordnete mit der Bestimmung, daß eine solche alle drei Jahre stattfinden und die Erwählte in Zukunft den Namen „Priorin" führen solle. Die Stimmenmehrheit fiel bei der vorgenommenen Wahl auf die ehrwürdige Frau Maria Maximiliana Hirschauer.

In den ersten Jahren nach der Wiederherstellung des Klosters waren dessen Verhältnisse in materieller Beziehung keine glänzenden und sorgenfreien. Doch trat auch hierin von Jahr zu Jahr Besserung ein; und besonders haben sich diese Verhältnisse unter der letzten und gegenwärtigen Verwaltung sehr zum Besseren gestaltet.

Bei der Säkularisation war das Klostergebäude Eigenthum des Staates geworden. Da nun dasselbe nach dem Aussterben der pensionirten Frauen vom Staate nicht mehr unterhalten wurde und ohnedies in sehr herabgekommenem Zustande sich befand, so mußte dem Kloster Alles daran gelegen sein, die Gebäulichkeiten eigenthümlich zu erwerben. Dies geschah auch durch Kaufvertrag vom 13. Dezember 1850. Jetzt, da man in seinem Eigenthume war, konnte man, soweit es nothwendig und nützlich war und die vorhandenen Mittel es jeweilig erlaubten, Reparaturen und bauliche Veränderungen vornehmen. Und es ist staunlich, wie viel in dieser Hinsicht bis jetzt zum Besseren geschehen ist.

Da ferner mit dem vermehrten Zugange von neuen Convent-Mitgliedern auch immer mehr Kapitalien zur Verfügung standen, so war man darauf bedacht, dieselben durch Ankauf von Grundstücken möglichst vortheilhaft anzulegen, und eine feste Basis für die Subsistenz des Klosters zu schaffen. Zur Ausführung dieses Gedankens fehlte es nicht an Gelegenheit. Und so konnte man innerhalb weniger Jahre einen nicht unbedeutenden Grundbesitz erwerben. Wir erwähnen nur der angekauften Waldungen, welche einen Flächenraum von fast 36 Tagwerken einnehmen.

Daß bei dieser Sorge für die zeitliche Existenz die Förderung des geistlichen Lebens nicht benachtheiligt ward, bedarf kaum der Erwähnung. Denn das muß als erste, als Hauptaufgabe in jedem klösterlichen Verbande betrachtet werden, das geistliche Leben zu fördern, eine gute, strenge Disciplin zu erhalten und allen Herzen den echten Ordensgeist einzuflößen, denselben immer mehr zu beleben und zu stärken. In unserem Orden insbesondere, welcher rein contemplativ ist, ist es der Beruf einer jeden Seele, im inneren, geistlichen Leben zu einer möglichst hohen Stufe der Vollkommenheit sich zu erschwingen. Darin besteht ihre Aufgabe, das stille verborgene Leben Jesu und Mariä nachzuahmen, in Gebet und Betrachtung dem himmlischen Bräutigam zu dienen, in treuer Liebe sich ihm allein ganz und ungetheilt zu weihen für ewig. Die Lösung dieser Aufgabe muß den Oberen vor Allem am Herzen liegen. Und gebe Gott, daß eine jede Seele, welche in diesem Hause ihr ewiges Glück zu begründen sich berufen fühlt, ganz einbringe in den wahren Geist des Ordenslebens und sich recht tief versenke in die Liebe Jesu Christi und seiner heiligsten Mutter Mariä.

Möge der vom hl. Alto gepflanzte Baum und das demselben aufgepfropfte Reis der hl. Birgitta noch lange fortwachsen und gedeihen zur Ehre Gottes und der seligsten Jungfrau, und reichliche Blüten und Früchte für den Himmel hervorbringen! Dem Herrn aber sei Dank für seine unaussprechliche Gnade, welche Er seit vielen Jahrhunderten im reichlichsten Maße ausgegossen hat über das Kloster Maria-Altomünster.

Anhang.

Da der Orden der hl. Birgitta in unseren Tagen fast unbekannt ist, so möge hier über dessen Entstehung, Einrichtung und Ausbreitung Einiges folgen.

Stifterin des Ordens ist die hl. Birgitta, aus dem schwedischen Königshause zu Anfang des 14. Jahrhunderts entsprossen. Schon in frühester Jugend legte Birgitta den Grund zu ihrer künftigen Größe und Heiligkeit. Im zehnten Jahre stehend, hörte sie einmal eine Predigt vom Leiden Christi, welche auf ihr jugendliches Gemüth den tiefsten Eindruck machte. In der darauffolgenden Nacht erschien ihr Christus selbst am Kreuze hangend, ganz mit Blut und Wunden bedeckt. Diese Erscheinung erweckte in ihr die zarteste Andacht gegen das bittere Leiden und Sterben unseres göttlichen Erlösers. Mit dem dreizehnten Jahre mußte sich Birgitta mit einem Fürsten in Neritien, Namens Ulpho vermählen. Aus dieser

Ehe gingen vier Söhne und vier Töchter hervor, wovon die jüngste Tochter Catharina, gleich der Mutter, als Heilige verehrt wird.

Nach längerem Leben in glücklicher Ehe fühlte sich Ulpho, gleich seiner Gemahlin Birgitta, hingezogen, die noch übrigen Tage seines Lebens ganz dem Dienste Gottes zu weihen, und trat in den Cistersienser-Orden. Birgitta aber gründete zu Wadsten in Schweden ein Kloster für 60 Nonnen und nahm in einem anderen von diesem Kloster durch die inzwischen liegende Kirche gänzlich abgesonderten Gebäude 13 Priester (zu Ehren der 12 Apostel und des hl. Paulus) nebst 4 Diaconen und 8 Laienbrüder auf. Diese Ordensglieder sollten die 12 Apostel und 72 Jünger des Herrn darstellen. Die Regel, welche die Heilige diesem neuen Orden gab, wurde ihr von Christus selbst geoffenbart. Sie bekennt hierüber Cap. 29: „Gott, der Schöpfer aller Dinge, hat mit seinem allerheiligsten Munde alle Worte dieser Regel so wunderbar und in so kurzer Zeit angegeben, daß es Niemanden möglich ist, ohne Gleichniß es zu begreifen. Gesetzt, es wären in einem Gefäße viele verschiedene und kostbare Gegenstände. Diese würden auf einmal ausgeschüttet, so daß, wer solches mit ansähe, in einem Augenblicke jeden Gegenstand vom anderen zu unterscheiden vermöchte; dann aber blieben jene Dinge so lange vor ihm, daß er ein jedes für sich in seine Tasche sammeln könnte: auf ähnliche Weise waren, sobald Christus seine gebenedeiten Lippen geöffnet, sogleich wie in einem Augenblicke alle Artifel der Regel sammt allen Worten, die darin begriffen sind, vor mir. Auf welche Weise dieß geschah, weiß der allein, von dem sie auf so wunderbare Weise ausgegangen sind. Durch seine Kraft konnten sie gefaßt und ein Jegliches vom Anderen von meinem Verstande unterschieden werden. Ich verweilte endlich so lange in jener Vision bis ich Alles in dem Schooße meines Gedächtnisses unter Mitwirkung der göttlichen Gnade gesammelt."

Die Ordensglieder sollen ein geistliches Ebenbild desjenigen Tempels voll Glorie sein, welchen der Prophet Ezechiel in einer Verzückung sah, und sollen einerseits eine Nachbildung des den Herrn umgebenden Jüngerkreises darstellen, anderseits aber ein irdisches Abbild und Gleichniß derjenigen sein (im Chorgesang der Gott preisenden Engel), welche die Glorie das Lob und die Ehre desjenigen erhöhen, der diesen Orden gestiftet und der hl. Birgitta geoffenbaret hat.

Da die Regel besonders die Betrachtung des Lebens und Leidens des Erlösers anordnet, so heißt der Orden der hl. Birgitta auch St. Salvator-Orden.

Bald nach der Stiftung des Ordens ging die hl. Birgitta nach Rom, wo sie noch 28 Jahre in Betrachtung himmlischer Dinge, und in großer Heiligkeit verlebte. Hier wurde sie besonders jener vielen Offenbarungen von Gott gewürdigt, durch welche sie in der Kirche so berühmt geworden ist. Ihre Regel wurde in Rom durch Papst Urban V. bestättiget. Einige Zeit vor ihrem Hinscheiden trat die Heilige eine Wallfahrt in's gelobte Land an; auf der Rückreise fiel sie in eine Krankheit und starb zu Rom i. J. 1373 im 71. Lebensjahre.

Die Kleidung der Ordensmitglieder ist schwarz, doch hat sie noch besondere Abzeichen. Die Mönche tragen an ihren Mänteln auf der linken Seite gegen den Arm ein rothes Kreuz mit einem weißen Kreise in der Mitte — die heilige Hostie darstellend. Die Nonnen tragen auf ihrem Weihl (velum) eine weiße leinene Krone mit 5 rothen Punkten zur Erinnerung an die 5 Wunden Christi; die Laienschwestern aber haben statt der Krone ein rothes Kreuz auf der linken Seite des Mantels.

Die Priester sollen die kirchlich vorgeschriebenen Tagzeiten, die Nonnen aber ein eigenes Officium von U. L. Frau täglich auf feierliche Weise singen und zwar so, daß zuerst die Mönche und dann die Nonnen eine Hore singen und so abwechselnd das ganze Officium. Die Mönche haben ihren Chor hinter dem Hochaltar, die Nonnen oben unter dem Gewölbe.

An der Spitze der Verwaltung steht die Abtissin, ihr zur Seite der Prior, welcher zugleich General=beichtvater ist und das geistliche Leben der Nonnen leitet. Ohne ihn sollte Nichts von größerem Belange vorgenommen werden. Wie er über die Brüder gesetzt ist, hat er auch, in Allem jedoch unter der Abtissin stehend, die Oberleitung und Aufsicht über alle äußeren Koster=Angelegenheiten. Abtissin und Prior werden durch Stimmenabgabe beider Convente gewählt.

Das Kloster hat auch ein eigenes Siegel, dessen Hauptschild das Kreuz mit dem Kreise in der Mitte ist.*)

Da nun in Maria-Altomünster bei der Restauration das Herrenkloster nicht wieder hergestellt wurde, besteht mit päpstlicher Dispensations-Indulgenz das Frauenkloster allein.

Der Orden der hl. Birgitta zählte ehedem in den verschiedenen Ländern Europa's eine bedeutende Anzahl von Klöstern, wovon aber gegenwärtig nur sehr wenige mehr bestehen. Die Klöster in den Ländern wo die Reformation Eingang gefunden, mußten schon im 16. Jahrhundert fallen, die in Polen unter dem Drucke Rußlands aussterben.

Wir lassen hier ein Verzeichniß von Birgittinen-Klöster folgen**):

In Bayern: Gnadenberg in der Oberpfalz (1428);
  Maria-Mayingen in Schwaben (1472);
  Maria-Altomünster (1497, restaurirt 1842).
In Dänemark: Marienbau in Laland (1413);
  Maria-Schmerz bei Lübeck (1446);
  Maria-Wald, Bisth. Ratzeburg (1426).
In England: Maria-Sion in London (1414);
  in Canterbury (1408)
In Frankreich: Maria-Thron in Arras (1471);
  in Lilles, in Douai, in Valence, in Armentières, in Burgund.
In Italien: Hospiz zur hl. Cäcilia in Rom (1383);
  Maria-Paradies bei Florenz (1394);

---

*) Unserem Kloster wurde dasselbe von der k. Regierung 1843 wieder bewilligt.

**) Die Zahlen in den Klammern geben das Jahr der Gründung an.

In Italien: Maria=Himmelsleiter (1438) und
Maria von der Barmherzigkeit (1667) in Genua;
in Pisa (1429); in Venedig (1450).

In den Niederlanden: Maria=Zuflucht in Ueben (1840
restaurirt).
Vom Herzen Maria in Weert (1843);
Maria=Acker in Seeland (1472);
Maria=Burg in Zoest (1459);
Maria=Feld in Kempen (1457);
Maria=Wasser bei Herzogenbusch (1435);
Maria=Stern in Gouda (1457);
Maria=Weingarten, Diöces Utrecht (1461).

In Norwegen: Maria=Bergen (oder Muncolis) (1428);
in Hufwutta.

In Nord=Deutschland: Maria=Necker in Arusten (1487);
Maria=Kron bei Stralsund (1419);
Maria=Brunn in Danzig (1420);
Maria=Friede in Elbing.

In Oesterreich: In Lemberg in Galizien (1614).

In Portugal: Marvila in Lissabon;
Maria=Sion de Anglia (1596) besteht zur Zeit
in England.

In Polen und Rußland: Maria=Triumph in Lublin (1426);
in Warschau, in Lithauen, in Krotno, in Luck, in
Sambors, in Soof, in Staranyski, in Leopolit,
Gnadenthal in Finnland (1483), Maria=Thal bei
Reval in Liesland (1407).

In Rheinpreußen: Maria= Baum in Cleve (1460);
Maria=Forst bei Cöln (1450);
Maria=Sion in Köln (1470);
Maria ad florem in Calcar;
Maria ad fructum in Kalbenkirchen.

In Schweden: Das Mutterkloster in Wadsten (1370);
in Abo (1487).

In Spanien: Maria=Sieg in Valladolid (1637) besteht zur
Zeit noch.

Verzeichniß

der Abtissinen und Priore seit der Gründung des Birgitten=Klosters Maria=Altomünster.

A. Abtissinen.

1. M. Ursula Klöbl von Nürnberg 1499 - 1503.
2. M. Anna Hutter von Nördlingen 1503—1512.
3. M. Ursula Klöbl (zum zweiten Male) 1512—1519.
4. M. Katharina Dertler von Augsburg 1519—1530.
5. M. Ottilia Deffler von Wembing 1530—1557.
6. M. Martha Petschner von München 1557—1563.
7. M. Barbara Steubel von Landshut 1563—1570.
8. M. Katharina Pleicher von Altomünster 1570—1582.
9. M. Anna Preuß von Ingolstadt 1581—1604.
10. M. Anna Dieter von Augsburg 1604—1618.
11. M. Anna Maier von Ingolstadt 1618—1635.
12. M. Apollonia Wagner von Hohenkirchen 1635—1649.
13. M Magdalena Karl von Polling 1649 - 1669.
14. M. Birgitta Stöbler von München 1669.
15. M. Febronia Körnl von München 1669—1676.
16. M. Klara Reischl von München 1676—1704.
17. M. Candida Schreivogel von München 1704—1715.
18. M. Rosa Rögl von München 1715—1745.
19. M. Candida Schmid von München 1745—1758.

20. M. Viktoria Huber von Altomünster 1758—1790.
21. M. Josepha Magg von Altomünster 1790–1791.
22. M. Generosa Hibler von Straubing 1792—1823.

B. Priore*).

1. P. Petrus Alber von Blumenthal 1499—1503.
2. P. Stephan Ehemann von Scheibs 1503—1507.
3. P. Andreas Baumann von Rain 1507—1512.
4. P. Stephan Ehemann (zum zweiten Mal) 1512—1519.
5. P. Johann Palgmacher von Schauenberg 1519—1542.
6. P. Alto Siber von Altomünster 1542—1547.
7. P. Simpert Pocksberger von Augsburg 1547—1568.
8. P. Georg Karch von Kühbach 1568—1573.
9. P. Andreas Neumaier von Kühbach 1573—1605.
10. P. Johann Gündter von München 1607—1625.
11. P. Lukas Bruières von Jülich 1625—1643.
12. P. Johannes Fendt von Altomünster 1643—1647.
13. P. Johannes Wallfisch von München 1647—1669.
14. P. Simon Hörmann von Altomünster 1669—1701.
15. P. Karl Schmidhammmer von Pfaffenhofen 1701—1724.
16. P. Jakob Scheck von Deutenhofen 1724—1755.
17. P. Clemens Gschwendtner von Jetzendorf 1755—1760.
18. P. Simon Böck von Landsberg 1760—1796.
19. P. Mathäus Ludwig von Mammendorf 1796—1808.

Nach Aufhebung des Klosters im Jahre 1803 bis zur Restauration und zur Gegenwart:

A. Oberinen.

1. M. Clementia Schwab 1823—1832.
2. M. Birgitta Laberer 1832—1837.

---

*) Das Kloster besitzt noch die Porträts der sieben letzten Priore.

3. M. Rosa Kraus 1837 1848.
4. M. Antonia Brindl 1848—1861.
5. M. Maximiliana Hirschauer, Priorin, 1861.

B. Beichtväter.

1. P. Andreas Westhof 1808—1811.
2. P. Petrus Lindner 1811—1825.
3. Ign. Magnus Nerb, Pfarrer, 1826—1841.
4. Johann Aichner 1841—1844.
5. Johann Fischer, Pfarrer, 1844—1855.
6. Jakob Pröpstl, Pfarrer, 1855—1860.
7. Augustin Reischl, Pfarrer, 1861.

U. I. O. G. D.